AF455375

# ORDONNANCES DU ROI,

CONCERNANT

LA RÉGIE ET ADMINISTRATION GÉNÉRALE ET PARTICULIÈRE DES PORTS ET ARSENAUX DE MARINE.

Du 27 Septembre 1776.

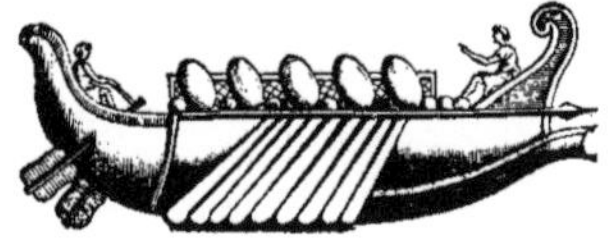

A PARIS,

CHEZ FIRMIN DIDOT, IMPRIMEUR DE L'INSTITUT ET DE LA MARINE,

LIBRAIRE POUR LES MATHÉMATIQUES, L'ARCHITECTURE HYDRAULIQUE, etc.

RUE JACOB, N° 24.

1814.

# AVIS.

De toutes les grandes Ordonnances de la Marine, celle de 1776 était devenue la plus rare : l'on ne pouvait se la procurer dans le commerce qu'à un prix exorbitant, et dans les ports de France on avait pris le parti d'en faire des copies à la main. Toutefois elle n'avait jamais été plus vivement réclamée que depuis que nous sommes rentrés en possession de nos colonies, dont l'administration éprouve le besoin de se pourvoir de toutes les lois relatives au service.

On a donc cru faire une chose utile au département de la Marine et des Colonies en réimprimant cette Ordonnance.

On n'ignore point qu'une commission composée d'officiers et d'administrateurs distingués de ce département, s'occupe en ce moment, par ordre du Ministre, de la révision de toutes les anciennes Ordonnances, et que l'on peut espérer de les voir un jour remplacées toutes par une nouvelle Ordonnance générale; mais, en attendant, il ne faut pas moins encore s'attacher pendant quelques années à la connaissance des lois anciennes.

A l'Ordonnance de 1776 on a joint le réglement suivant:

*Réglement que le Roi a fait expédier pour déterminer le Service de ses Troupes d'infanterie, à bord de ses vaisseaux et frégates, et ce qui doit être pratiqué à l'égard de celles passagères pour les Colonies, ou employées à la garde des Ports.*

Sa rareté était telle, qu'à notre connaissance, il n'en existait à Paris que deux exemplaires imprimés.

On a donné à cette réimpression tous les soins qu'exigeait son importance; et si l'évènement justifie l'idée qu'on a conçue de son utilité, on réimprimera de même, et successivement, les Ordonnances de 1765 et de 1689.

# TABLE DES TITRES

## CONTENUS DANS CETTE ORDONNANCE.

## TABLE DES ORDONNANCES DU ROI,

Du 27 Septembre 1776.

# ORDONNANCE

## DU ROI,

*Concernant la Régie et Administration générale et particulière des Ports et Arsenaux de Marine.*

Du 27 Septembre 1776.

## DE PAR LE ROI.

SA MAJESTÉ s'étant fait représenter l'Ordonnance du 15 avril 1689, *pour les arsenaux de marine;* celle du 25 mars 1765, *concernant la marine,* et son Ordonnance du 8 novembre 1774, *pour régler provisoirement ce qui serait observé dans les différentes parties du service des Ports;* et s'étant assurée que les officiers de sa Marine ont acquis depuis plusieurs années, par la nouvelle forme donnée à leur éducation militaire, la théorie de l'architecture navale et les connaissances nécessaires pour bien diriger la construction, le gréement et l'équipement des vaisseaux ; elle a reconnu la nécessité de faire divers changements à l'ancienne constitution de sa marine. Cette constitution, qui n'admettait les officiers militaires à aucun détail dans les arsenaux, était propre sans doute aux temps où elle fut adoptée; mais Sa Majesté a jugé qu'elle ne pourrait être maintenue dans son entier, sans renoncer aux avantages qui doivent résulter pour la perfection des ouvrages et pour l'économie, tant des lumières et des talents desdits officiers, que de l'intérêt qui lie essentiellement leur propre gloire au succès des opérations mécaniques des ports, et à la conservation des forces navales. En conséqueuce, Sa Majesté s'est déterminée à confier aux officiers militaires de sa marine, la direction des travaux relatifs à la construction, au grément et à l'équipement de ses vaisseaux : et voulant régler définitivement les fonctions que, par son Ordonnance provisoire du 8 novembre 1774, elle s'était réservé d'attribuer auxdits officiers ; régler pareillement celles qu'auront à l'avenir les intendants et commissaires des ports et arsenaux ; fixer en même temps, d'une manière constante et invariable, les fonctions du conseil de marine, maintenu par sadite Ordonnance, dans chacun de ses ports de Brest, Toulon et Rochefort ; apporter enfin à diverses parties de l'administration de ses ports et arsenaux, les modifications que la différence des temps et des circonstances ont rendu nécessaires ; elle a ordonné et ordonne ce qui suit :

# TITRE PREMIER.

## *De la division des fonctions dans la Régie et Administration générale et particulière des Ports et Arsenaux de Marine.*

### ARTICLE PREMIER.

Division générale de l'administration des Ports et Arsenaux.

LA régie et administration générale des ports et arsenaux de marine, sera et demeurera divisée en deux parties distinctes et séparées, dont l'une, sous l'autorité immédiate du commandant du port, comprendra tout ce qui concerne la disposition, la direction et l'exécution des travaux ; et l'autre, sous l'autorité immédiate de l'intendant, comprendra tout ce qui concerne la recette, la dépense et la comptabilité des deniers et des matières.

### 2.

Administration des travaux sous l'autorité du Commandant.

L'administration des travaux comprendra les constructions, refontes et radoubs, les armements et désarmements, les opérations mécaniques et les mouvements du port, et généralement tous les ouvrages à exécuter dans les chantiers et ateliers de l'arsenal ou ailleurs, pour la construction, le gréement, l'équipement, la défense et l'entretien journalier des vaisseaux et de tous autres bâtiments flottants, ainsi que de tout ce qui a rapport à la garde, sûreté et conservation desdits vaisseaux et bâtiments, et machines à leur usage, et à l'entretien, la garde et la sûreté du port et de la rade.

3.

Administration des deniers et des matières sous l'autorité de l'Intendant.

L'administration des deniers et des matières comprendra la recette et l'emploi des deniers, les marchés et adjudications de matières et d'ouvrages, les approvisionnements, les recettes, la conservation dans les magasins et la distribution des matières, munitions et marchandises quelconques; les appointements, solde, revues et montres des officiers, des troupes, des gens de mer et de tous autres entretenus dans le port ou employés sur les vaisseaux; la levée des officiers-mariniers, ouvriers, journaliers, matelots et autres gens de mer, et la police des classes; la garde des magasins, l'administration particulière des hôpitaux et des chiourmes; celle des bâtiments civils appartenant au Roi, et la comptabilité générale.

4.

Division de l'administration des travaux en trois Directions ou Détails.

La partie de l'administration des arsenaux qui comprend toutes les opérations mécaniques et les travaux relatifs aux bâtiments flottants, sera et demeurera divisée en trois *Directions* ou *Détails*, sous l'autorité du commandant;

SAVOIR:

Le détail des constructions;
Celui du port;
Celui de l'artillerie.

5.

Détail des Constructions.

Le détail des constructions comprendra les constructions, refontes, radoubs, réparations d'entretien et tous ouvrages de charpente, forges, menuiserie, sculpture, peinture et calfatage à faire à toute espèce de bâtiments flottants, aux chantiers ou calles en bois et berceaux pour la mise à l'eau, et à toutes machines établies à l'usage des vaisseaux; comme aussi l'inspection, l'arrangement et la disposition des bois de construction, bois de mâture et autres, œuvrés ou non œuvrés, sous les hangars ou sous l'eau, et tout ce qui a rapport à la conservation et à l'entretien des vaisseaux ou autres bâtiments désarmés dans le port.

I.

TITRE Ier.

6.

Ateliers en dépendants.

Les chantiers ou ateliers qui dépendront du détail des constructions, seront :

Les chantiers, calles ou bassins, pour la construction et le radoub des vaisseaux et autres bâtiments ;

Les chantiers, pour l'entretien des chaloupes et canots à l'usage du port ou des vaisseaux ;

Les ateliers des forges, à l'usage de la construction ;

Ceux de la mâture, des hunes et cabestans, de la menuiserie, de la sculpture, de la peinture, de l'avironnerie, des gournables, des étoupes ;

Et tous autres ateliers ressortissants de ces premiers.

7.

Détail du Port.

Le détail du port comprendra les mouvements, amarrage, lestage et délestage de tous les bâtiments flottants ; les mouvements et le transport des bois, des mâtures, des ancres et de tous autres effets à l'usage des vaisseaux, à l'exception de ceux de l'artillerie ; la manœuvre de la mise à l'eau, de l'entrée dans les bassins et de la sortie, du tirage à terre, du mâtement, démâtement et carénage, et tous autres mouvements et manœuvres à faire dans le port ; les travaux relatifs à la fabrication des cordages, à la garniture, au gréement, à l'équipement et à la voilure ; la disposition, l'arrangement et l'inspection des magasins particuliers de chaque vaisseau ou autre bâtiment ; le curage et l'entretien du port et de la rade, la police des quais, la conservation et l'entretien des pompes à incendies, et tous les objets qui sont relatifs àla garde, sûreté et propreté des vaisseaux désarmés dans le port.

8.

Ateliers en dépendants.

Les ateliers qui dépendront du détail du port, seront :

L'atelier de la corderie et tous ceux en ressortissants, nécessaires pour la fabrication des cordages ;

Celui de la garniture ;

La manufacture des toiles ;

L'atelier de la voilerie, et les petits ateliers qui en dépendent ;

Ceux de la poulierie, de la tonnellerie et des pompes ;

Ceux de la serrurerie, de la plomberie, de la ferblanterie, de la chaudronnerie et de la vitrerie.

9.

Détail de l'Artillerie.

Le détail de l'artillerie comprendra les travaux relatifs à la fabrication des canons, mortiers, armes, affûts et tous ustensiles à l'usage de l'artillerie; les mouvements et transports des effets dépendants de ce détail; l'inspection et les épreuves des canons et mortiers, et de toutes autres armes, poudres, munitions, instruments et outils servant à la guerre, ainsi que l'arrangement, la disposition et l'entretien des divers effets appartenants à l'artillerie, soit dans le parc, soit dans les magasins ou dans la salle d'armes.

10.

Ateliers en dépendants.

Les ateliers qui dépendront du détail de l'artillerie, seront:

Les ateliers de forge à l'usage de l'artillerie;

Les fonderies, soit dans l'enceinte de l'arsenal, soit hors de l'arsenal;

L'atelier des affûts et celui du charronnage, tant à l'usage de l'artillerie qu'aux autres usages du port;

L'atelier des armuriers;

Et tous les petits ateliers relatifs au service de l'artillerie, et à l'entretien des armes.

11.

Division de l'administration des deniers et des matières, et de la comptabilité en cinq Bureaux.

La partie de l'administration des ports et arsenaux, qui comprend les dépenses et la comptabilité, sera et demeurera divisée en cinq *Bureaux* (non compris celui du contrôle) sous l'autorité de l'intendant:

SAVOIR:

Le bureau du magasin général;
Celui des chantiers et ateliers;
Celui des fonds et revues;
Celui des armements et vivres;
Celui des hôpitaux et chiourmes.

12.

Bureau du Magasin général.

Le bureau du magasin général tiendra les livres de recette et dépense, ainsi que le registre de balance, de toutes les matières et marchandises quelconques œuvrées ou non-œuvrées, sera chargé d'en faire la recette et la distribution, et en aura la garde.

TITRE Ier.

13.

Bureau des Chantiers et Ateliers.

Le bureau des chantiers et ateliers tiendra la matricule des ouvriers; sera chargé de dresser les rôles de journées et de paiement des ouvriers et des journaliers, et d'en faire les appels; aura à sa charge et garde les matières qui auront été délivrées du magasin général aux chantiers et ateliers, pour y être travaillées ou converties; en suivra l'emploi, et fera la remise au magasin général, des ouvrages qui auront été fabriqués dans lesdits atteliers, ou enregistrera leur destination, s'ils sont employés dans une construction.

14.

Bureau des Fonds et des Revenus.

Le bureau des fonds et des revues sera chargé de tout ce qui concerne les recettes de deniers et l'acquittement des dépenses; le paiement des appointements et solde des officiers, gardes du pavillon et de la marine, bombardiers, apprentis-canonniers, troupes, gardiens et tous autres entretenus; les marchés et adjudications; les paiements faits à compte, et les restants à payer sur iceux; les fonds reçus et les objets de recette extraordinaire.

Il sera pareillement chargé de faire les revues des officiers, des gardes du pavillon et de la marine, des bombardiers et apprentis-canonniers, des troupes et de tous entretenus, et d'en dresser les états.

15.

Bureau des Armements et des Vivres.

Le bureau des armements et des vivres sera chargé de tout ce qui concerne les équipages destinés pour les vaisseaux en armement, leur enregistrement lors de leur arrivée dans le port, leur répartition sur les vaisseaux, les revues desdits équipages avant le départ et au retour des vaisseaux, les conduites et solde des gens de mer, et la répartition du produit des prises.

Il sera pareillement chargé de l'inspection des vivres dans le port; d'examiner la qualité de ceux que le munitionnaire fera remettre dans les magasins; de veiller à la manière dont se feront les salaisons et le biscuit; de tenir un registre exact des vivres qui seront remis dans les magasins, de ceux qui en sortiront pour être distribués aux vaisseaux, et de ceux qui y seront rapportés au retour des campagnes, et généralement de tout ce qui concerne la confection, la qualité, la quantié et la conservation des vivres, soit pour le journalier, soit pour la mer.

16.

Bureau des Hôpitaux et des Chiourmes.

Le bureau des hôpitaux et des chiourmes sera chargé de tenir le rôle des malades qui seront reçus à l'hôpital, de marquer le jour de leur entrée et de leur sortie; d'inspecter les médicaments et drogues, ainsi que les aliments et boissons, pour voir si les premiers sont de bonne qualité, et si les autres sont distribués dans la quantité ordonnée; de tenir le registre de tous les effets et ustensiles à l'usage de l'hôpital, et généralement tout ce qui concerne l'administration dudit hôpital.

Il sera pareillement chargé de tenir la matricule des forçats, et de tout ce qui a rapport à la police et à l'entretien des chiourmes.

# TITRE II.

## *De la répartition dans les trois Détails de l'Arsenal, des Officiers de Vaisseau, Officiers de Port et Ingénieurs-constructeurs, et de tous Entretenus pour les travaux de l'Arsenal et du Port, et la garde des Vaisseaux.*

17.

Directeur général de l'Arsenal.

Il sera établi dans chacun des ports de Brest, Toulon et Rochefort, un directeur général de l'arsenal, choisi parmi les officiers généraux, lequel, sous l'autorité du commandant du port, sera chargé de diriger et inspecter les travaux, opérations mécaniques et mouvements du port, et aura sous ses ordres les officiers de vaisseau, officiers de port et ingénieurs-constructeurs, employés dans les trois détails de l'arsenal.

18.

Fixation du nombre des Officiers et autres attachés au Détail des Constructions.

Le détail des constructions sera dirigé et conduit, sous l'autorité du directeur général, par un directeur et un sous-directeur des constructions, l'un et l'autre capitaine de vaisseau.

TITRE II.

A ce détail, seront attachés quatre lieutenants et quatre enseignes de vaisseau à Brest; trois lieutenants et trois enseignes à Toulon; trois lieutenants et trois enseignes à Rochefort; l'ingénieur-constructeur en chef, les ingénieurs-constructeurs ordinaires, les sous-ingénieurs et les élèves constructeurs, dans chacun des trois ports.

19.

Fixation du nombre des Officiers attachés au Détail du Port.

Le détail du port sera dirigé et conduit, sous l'autorité du directeur général, par un directeur capitaine de vaisseau et un sous-directeur capitaine de port.

A ce détail seront attachés cinq lieutenants et cinq enseignes de port à Brest; trois lieutenants et trois enseignes à Toulon et à Rochefort.

20.

Fixation du nombre des Officiers et autres attachés au Détail de l'Artillerie.

Le détail de l'artillerie sera dirigé et conduit, sous l'autorité du directeur général, par un directeur et un sous-directeur de l'artillerie, l'un et l'autre capitaines de vaisseau : et les titres de commandant en chef et commandant en second de l'artillerie, établis par l'Ordonnance du 26 décembre 1774, seront et demeureront supprimés, pour y être substitués ceux de directeur et de sous-directeur de l'artillerie.

A ce détail, seront attachés sept lieutenants de vaisseau à Brest, dont un sera aide-major d'artillerie ; deux autres, capitaines en premier ou en second de la compagnie des bombardiers ; quatre autres, capitaines en premier ou en second des deux compagnies d'apprentis-canonniers ; et sept enseignes de vaisseau, dont un sera sous-aide-major d'artillerie, et les six autres, lieutenants en premier ou en second desdites compagnies de bombardiers et d'apprentis-canonniers ; cinq lieutenants de vaisseau à Toulon et à Rochefort, dont un sera aide-major d'artillerie, et les quatre autres seront capitaines en premier ou en second des compagnies de bombardiers et d'apprentis-canonniers; et cinq enseignes de vaisseau, dont un sera sous-aide-major d'artillerie, et les quatre autres, lieutenants en premier ou en second des mêmes compagnies; les compagnies de bombardiers et d'apprentis-canonniers, et tous les maîtres-canonniers entretenus dans chacun des trois ports.

TITRE II.

21.

Supprime Sa Majesté trois lieutenants et trois enseignes de vaisseau, attachés par des ordres particuliers au service de l'artillerie, dans chaque port, par l'article 2 du titre IV de l'Ordonnance du 26 décembre 1774; l'aide-major et le sous-aide-major d'artillerie étant seuls conservés dans ce détail, en sus des officiers attachés aux compagnies de bombardiers et d'apprentis-canonniers.

Suppression de six Officiers d'Artillerie dans chaque Port, attachés à ce Détail par des ordres particuliers.

22.

Il sera attaché à chaque direction, six gardes du pavillon ou de la marine à Brest et à Toulon, et quatre gardes de la marine à Rochefort; lesquels ne pourront être choisis que parmi ceux qui auront achevé leurs cours de mathématiques, et seront proposés au commandant du port par ceux des compagnies desdits gardes du pavillon et de la marine : lesdits gardes seront attachés pendant six mois consécutifs à un même détail, et passeront successivement dans les trois directions.

Gardes du Pavillon ou de la Marine, employés dans l'Arsenal.

23.

Les compagnies de bombardiers et d'apprentis-canonniers, les maîtres d'équipage, maîtres-pilotes, hauturiers, côtiers ou lamaneurs, maîtres-canonniers, officiers-mariniers et autres entretenus; les contre-maîtres de construction, maîtres d'ouvrages, chefs d'ateliers, ouvriers et journaliers employés dans les différents chantiers ou ateliers ressortissants des trois directions de l'arsenal; ainsi que les gardiens des vaisseaux ou autres bâtiments désarmés dans le port, et des machines à leur usage, et les guetteurs ou observateurs de signaux employés dans les tours ou postes dépendants de chaque port, seront sous l'autorité du commandant du port et du directeur général de l'arsenal, et sous les ordres des directeurs particuliers de leur détail respectif; et ledit commandant en ordonnera la répartition dans les trois détails, suivant les besoins du service.

Tous les Maîtres, Ouvriers et autres Employés dans les trois Détails de l'Arsenal, seront sous les ordres des Commandant et Directeurs, et répartis par le Commandant dans les trois Détails.

24.

Tous les officiers de vaisseau attachés aux détails de l'arsenal, jouiront des appointements attribués à leur grade dans la marine, conformément à l'article 10 de l'Ordonnance du 8 novembre 1774:

Supplément d'appointements pour les Officiers de Vaisseau attachés aux Détails de l'Arsenal.

2

TITRE II.

et Sa Majesté accorde, en outre desdits appointements, les suppléments ci-après :

SAVOIR :

| | Par an. |
|---|---|
| A chaque officier général, directeur général d'arsenal, pour supplément d'appointements | 4000$^{tt}$ |
| Pour secrétaire et frais de bureau | 1500. |
| A chaque capitaine de vaisseau, directeur du détail des constructions ou de celui du port, pour supplément | 2400. |
| Pour secrétaire et frais de bureau | 1200. |
| A chaque capitaine de vaisseau, sous-directeur du détail des constructions, pour supplément | 1200. |
| A chaque lieutenant de vaisseau, attaché au détail des constructions, pour supplément | 400. |
| A chaque enseigne de vaisseau, attaché au même détail, pour supplément | 250. |
| A chaque garde du pavillon ou de la marine, attaché à un des trois détails, pour supplément | 144. |

25.

Les Officiers de Vaisseau attachés à l'Artillerie, les Officiers de Port et les Ingénieurs-constructeurs, continueront de jouir de leurs appointements et supplément.

Les capitaines, lieutenants et enseignes de vaisseau, attachés au détail de l'artillerie ; les capitaines, lieutenants et enseignes de port ; les ingénieurs-constructeurs en chef, ingénieurs ordinaires, sous-ingénieurs et élèves-constructeurs, continueront de jouir des appointements, supplément d'appointements et frais de bureau qui leur ont été accordés par les Ordonnances antérieures, et dont ils jouissent actuellement.

26.

Les Officiers qui ne seront pas attachés fixement aux trois Détails de l'Arsenal, seront employés à la suite desdits Détails.

Indépendamment des officiers attachés particulièrement et fixément à chacun des trois détails de l'arsenal, conformément à ce qui a été prescrit par les articles précédents, tous les autres lieutenants et enseignes de vaisseau, à l'exception de ceux qui sont attachés à la majorité et aux compagnies des gardes du pavillon et de la marine, seront distribués par le commandant à la suite des trois détails de l'arsenal, de manière qu'un tiers desdits lieutenants et enseignes soit destiné à suivre les travaux relatifs au détail des constructions ; un tiers, les travaux dépendants du détail du port ; et l'autre tiers, ceux qui appartiennent à l'artillerie.

Lesdits lieutenants et enseignes seront commandés à tour de rôle, à proportion des besoins du service et des travaux à faire dans le détail pour lequel ils auront été destinés : ils ne jouiront d'aucun supplément d'appointements, et ne pourront être employés à la suite d'un autre détail qu'après avoir suivi, pendant douze mois effectifs, le détail auquel ils auront été attachés en premier lieu.

27.

Les Officiers attachés fixement aux Détails, dispensés de la garde.

Tous les officiers attachés fixement aux trois détails de l'arsenal, seront dispensés de la garde et de tout autre service à terre.

28.

Comment seront remplacés les Officiers attachés fixement au Détail des Constructions ou à celui de l'Artillerie.

Lorsqu'aucune des places des officiers attachés fixement au détail des constructions ou à celui de l'artillerie, viendra à vaquer par mort, retraite ou avancement, le directeur du détail où la place sera vacante, indiquera au directeur général trois des officiers qui auront été employés à la suite dudit détail, dans lesquels il aura reconnu les dispositions les plus marquées pour la direction des travaux qui en dépendent ; le directeur général remettra leurs noms apostillés au commandant du port, pour les susdits trois officiers désignés, être par lui proposés à Sa Majesté, qui fera connaître ses intentions sur celui des trois qu'il lui plaira agréer.

29.

Aide-major de la Marine, attaché au Directeur général.

Il sera choisi et nommé chaque année, par le commandant du port, un des aides-majors de la marine et des armées navales, pour être particulièrement attaché au directeur général de l'arsenal, et porter ses ordres dans les chantiers et ateliers ressortissants des trois directions.

30.

Le Major de la Marine, chargé de distribuer les ordres du Commandant, relatifs aux travaux de l'Arsenal.

Le major de la marine et des armées navales portera les ordres qu'il recevra du commandant, relativement aux opérations et travaux dépendants des trois directions ; il marquera sur un registre qu'il tiendra à cet effet, l'heure, le jour et les officiers à qui lesdits ordres auront été donnés ; et lorsque ces ordres ne pourront être remis par écrit, les directeurs, officiers et tous autres à qui il les portera verbalement de la part du commandant, seront obligés de les exécuter.

TITRE II.

31.

Tiendra un registre des Officiers attachés fixément ou à la suite des Détails.

Il tiendra un registre pour chacun des trois détails de l'arsenal, des officiers de vaisseau, de ceux de port, et des ingénieurs-constructeurs qui seront attachés fixément auxdits détails, et des officiers de vaisseau qui auront été destinés par le commandant pour être employés à la suite de chaque détail. Dans le nombre de ces derniers, il distinguera ceux qui auront été commandés chaque mois, pour suivre effectivement le détail pour lequel ils seront destinés; et il ne prendra les officiers qui devront être nommés pour monter la garde, ou commandés pour tout autre service, que parmi ceux desdits officiers à la suite, qui n'auront aucune fonction actuelle et effective dans le détail auquel ils seront attachés.

32.

Les Officiers à la suite des Détails qui seraient dans le cas de prendre les armes avec les Troupes, en donneront avis aux Directeurs.

Dans le cas où les troupes prendront les armes, le major de la division du corps-royal d'infanterie de la marine, aura attention de nommer d'avance les officiers attachés aux troupes, qui devront marcher à leur tête : et ceux desdits officiers qui se trouveraient actuellement en activité à la suite du détail auquel ils sont affectés, seront tenus d'en donner avis sur-le-champ au directeur du détail, afin qu'il puisse, s'il le juge à propos, demander d'autres officiers pour remplir, par *interim*, les fonctions dont les premiers auraient été chargés.

33.

Le Directeur général commandera en l'absence du Commandant.

En l'absence du commandant du port, dans le cas où aucun officier général n'aurait de lettres de service, l'intention de Sa Majesté est que le directeur général de l'arsenal commande à sa place, jusqu'à ce qu'il y ait été pourvu par Sa Majesté; dérogeant, en tant que besoin est, à toutes ordonnances à ce contraires.

34.

Sera suppléé par le plus ancien des Directeurs particuliers.

En cas d'absence ou de maladie du directeur général, le plus ancien des directeurs particuliers en remplira les fonctions jusqu'à ce qu'il y ait été pourvu par Sa Majesté.

35.

Les Directeurs et les Sous-directeurs

Le directeur et le sous-directeur d'un détail ne seront jamais en même temps absents du port, soit par congé, soit même pour le service de la mer.

*jamais absents en même temps.*

36.

*Les Directeurs suppléés par les Sous-directeurs.*

Dans le cas où le plus ancien des directeurs particuliers se trouverait chargé des fonctions de directeur général, ou absent, il sera suppléé dans la direction de son détail, par le sous-directeur; et à son défaut, par le plus ancien des officiers attachés fixément au même détail.

37.

*Fonctions des Officiers attachés fixément aux Détails, en l'absence des Directeurs.*

Les lieutenants et enseignes de vaisseau, attachés fixément à quelqu'un des détails, et les lieutenants et enseignes de port, rempliront les mêmes fonctions que leurs directeurs et sous-directeurs respectifs, sous leurs ordres et en leur absence.

38.

*Le Major de la Marine suppléé en cas d'absence par le Major de la Division.*

En l'absence du major de la marine et des armées navales, le major de la division du corps-royal d'infanterie de la marine, dans chaque port, en remplira toutes les fonctions, relativement aux détails de l'arsenal.

39.

*Fonctions des Aides-major et Sous-aides-major, en l'absence des Majors.*

Les aide-major et sous-aide-major de la marine, rempliront les mêmes fonctions que le major de la marine, sous ses ordres et en son absence, suivant la destination qui en aura été faite par le commandant.

40.

*Les Gardes du Pavillon et de la Marine, assisteront aux travaux pour leur instruction et sans autorité.*

Les gardes du pavillon et de la marine, attachés à chacune des trois directions, assisteront pour leur instruction à tous les travaux du détail où ils seront employés, n'y auront aucune autorité, et exécuteront les ordres qui leur seront donnés par les directeurs et autres officiers préposés à la direction des travaux.

## TITRE III.

*De la répartition dans les cinq Bureaux de chaque Port, au Commissaire général et des Commissaires ordinaires des Ports et Arsenaux de Marine, du Garde-magasin et de tous entretenus pour l'entretien et la garde des Magasins, le service des Hôpitaux et la garde des Chiourmes.*

41.

SA MAJESTÉ ayant par son Ordonnance de ce jour, *portant établissement de commissaires généraux et ordinaires des ports et arsenaux de marine, et de garde-magasins,* fixé le nombre desdits commissaires et garde-magasins qui seront entretenus dans chacun des ports de Brest, Toulon et Rochefort; la répartition dans les cinq bureaux de chaque port en sera faite ainsi qu'il suit :

Commissaire général.

Le commissaire général aura inspection sur le travail des cinq bureaux, et une inspection particulière sur le magasin général.

Au Bureau du Magasin général.

Il y aura au bureau du magasin général, un commissaire ordinaire et le garde-magasin.

Bureau des Chantiers et Ateliers.

Au bureau des chantiers et ateliers, un commissaire ordinaire.

Bureau des Fonds et Revues.

Au bureau des fonds et revues, un commissaire ordinaire.

Bureau des Armements et des Vivres.

Au bureau des armements et des vivres, un commissaire ordinaire.

Bureau des Hôpitaux et des Chiourmes.

Au bureau des hôpitaux et des chiourmes, un commissaire ordinaire.

Commissaire surnuméraire.

Le commissaire surnuméraire dans chaque port aidera dans ses fonctions le commissaire préposé au bureau des chantiers et ateliers, et sera particulièrement chargé de la recette des bois, dont il comptera au magasin général; et en cas de maladie ou d'absence d'un des cinq commissaires ordinaires, ledit commissaire surnuméraire tiendra le bureau à la place de celui qui viendra à manquer. Le second commissaire surnuméraire établi à Brest, sera attaché au magasin général, ou à celui des autres auquel l'intendant jugera du bien du service de le destiner.

Dispositions particulières pour le port de Rochefort.

Le détail particulier des colonies dans le port de Rochefort sera réuni, pour la partie des approvisionnements en vivres, au bureau des armements et des vivres, et pour la partie des approvisionnements en effets de marine et autres, au bureau du magasin général.

A l'égard du dépôt des recrues des colonies, établi à l'île de Ré, le sous-commissaire préposé actuellement aux revues et à la police desdites recrues, fera partie à l'avenir des sous-commissaires des colonies, et ne sera point compris dans l'état du port de Rochefort, mais il continuera d'être comme par le passé sous l'autorité de l'intendant dudit port.

42.

Commis aux écritures, répartis par l'intendant dans les cinq Bureaux.

Les commis aux écritures et aux appels, dont le nombre aura été réglé pour chaque port, par les états qui seront arrêtés par Sa Majesté, seront répartis par l'intendant dans les cinq bureaux, suivant qu'il le jugera convenable pour le service; et ledit intendant adressera tous les trois mois, au secrétaire d'état ayant le département de la marine, une liste qui constatera la destination qu'il aura faite de chacun desdits commis.

43.

Ingénieurs des Bâtiments civils.

Les ingénieurs des bâtiments civils, seront et demeureront sous l'autorité de l'intendant du port.

44.

Répartition des Gardiens et Suisses.

Les gardiens des magasins, des chantiers et ateliers, des bureaux de l'arsenal et des bâtiments civils appartenants au Roi, les suisses et consignes de l'arsenal, et tous employés au service des hôpitaux et à la garde des chiourmes, seront sous les ordres de l'intendant qui en fera la répartition suivant les besoins du service et selon que l'exigera le local du port.

# TITRE IV.

*De la Direction des travaux et ouvrages; de l'ordre à établir dans les Chantiers et Ateliers; et de la justice et police des Arsenaux.*

45.

Les Directeurs chargés des plans et de l'exécution de tous les ouvrages dépendants de leur Détails.

LES directeurs préposés aux trois détails de l'arsenal, seront chargés de faire faire par les officiers, ingénieurs-constructeurs ou maîtres d'ouvrages, sous leurs ordres, tous les plans, dessins, devis, modèles ou gabaris des ouvrages qui devront être exécutés dans les chantiers ou ateliers dépendants de leur direction, conformément aux ordres qu'ils en auront reçus du directeur général; et ils dirigeront et inspecteront tous les travaux relatifs à l'exécution desdits plans et modèles.

46.

Dresseront un État de tous les modèles, plans et papiers concernant leurs Détails.

Ils auront soin de dresser un état exact et détaillé de tous les modèles, plans, dessins, tarifs, registres, mémoires et autres papiers concernant les ouvrages qui s'exécuteront dans les divers chantiers ou ateliers dépendants de leur direction : ils remettront chaque année, au directeur général, une copie de cet inventaire, qui sera signée d'eux, pour être remise au commandant par le directeur général qui l'aura certifiée; et ledit commandant, après l'avoir visée, l'enverra au secrétaire d'état ayant le département de la marine : il sera pareillement envoyé un état particulier de tous les modèles, dessins ou papiers qui auront été ajoutés aux anciens pendant le courant de l'année précédente. Lorsqu'un directeur s'absentera, pour quelque cause que ce soit, il remettra ces modèles, plans et papiers à l'officier qui devra diriger en chef les travaux de son détail en son absence, ou le remplacer; en observant de former un état desdits modèles, plans et papiers, dont il fera faire trois copies qu'il signera, et fera accepter et signer par l'officier qui devra le suppléer ou le remplacer; lesquelles copies seront certifiées par le directeur général et visées du commandant ; l'une, pour être envoyée au secrétaire d'état ayant le département de la marine ; l'autre, pour servir de décharge au directeur qui s'absentera ou sera remplacé, et la troisième, qui sera jointe aux papiers de la direction.

47.

Chaque Directeur fera exécuter un ouvrage de chaque espèce, pour fixer la quantité de matières, le déchet et le prix de la main-d'œuvre.

Chaque directeur dressera un état exact de tous les ouvrages qui se fabriqueront dans les ateliers dépendants de sa direction : d'après les devis et modèles qui auront été arrêtés au conseil de marine, et approuvés par Sa Majesté, il fera exécuter en sa présence, par de bons ouvriers, un desdits ouvrages de chaque espèce, avec les plus grands soins et la plus grande économie, afin que ces pièces de comparaison le mettent en état de connaître en tout temps, quelle quantité de matière exige la fabrication de chaque ouvrage, quel déchet indispensable la matière doit éprouver, quel est le prix de la main-d'œuvre ; et qu'il puisse juger, par la comparaison des matières et des journées employées dans la suite à chaque pièce ou ouvrage pareils, de la vigilance et de l'économie qu'auront apportées dans l'exécution des différents ouvrages, les officiers chargés de conduire et d'inspecter les travaux dans les chantiers et ateliers.

48.

Il sera fait une estimation d'un Vaisseau de chaque rang et de tout autre Bâtiment, et de tous effets à leur usage.

La quantité de matières nécessaires pour la construction, l'armement, le gréement et l'équipement d'un vaisseau de chaque rang et de tout autre bâtiment, et le prix de la main-d'œuvre pour le convertissement desdites matières, étant ainsi connus et déterminés ; l'intention de Sa Majesté est que chaque directeur de détail, pour sa partie, de concert avec le commissaire du magasin général, et celui des chantiers et ateliers, procède à l'estimation exacte d'un vaisseau de chaque rang et de tout autre bâtiment ; que dans les procès-verbaux qui en seront dressés, il soit spécifié pour chaque effet en particulier, les qualité, quantité et prix des matières, le déchet qu'elles doivent éprouver et les prix de main-d'œuvre ; et que lesdits procès-verbaux, certifiés de chaque directeur, pour sa partie, du commissaire du magasin général et de celui des ateliers, approuvés du directeur général, et visés du commandant et de l'intendant, après avoir été examinés dans le conseil de marine, soient envoyés avec l'avis

TITRE IV.

du conseil sur iceux, au secrétaire d'état ayant le département de la marine, pour lui faire connaître le prix auquel devront revenir dans les différents ports, chaque vaisseau de tous rangs, chaque espèce de bâtiment, et chaque effet particulier de chacun desdits vaisseaux et bâtiments.

49.

Les Directeurs veilleront à l'économie des journées et des matières.

Les directeurs suivront et surveilleront, feront suivre et surveiller par les officiers et ingénieurs-constructeurs, sous leurs ordres, toutes les opérations, et les ouvriers des chantiers ou ateliers dépendants de leur direction respective; et donneront tous leurs soins à ce que les constructions et ouvrages ordonnés soient exécutés avec la plus grande économie de journées et de matières, et toute la solidité et la perfection dont ils seront susceptibles.

50.

Rendront compte de tout au Directeur général.

Ils rendront compte au directeur général, de tout ce qui intéressera le détail particulier qui leur est confié; et il sera fixé chaque jour, par le commandant, une heure à laquelle le directeur général, les trois directeurs particuliers, les trois sous-directeurs et l'ingénieur-constructeur en chef, devront s'assembler chez ledit commandant pour conférer avec lui sur les différentes parties du service de l'arsenal, lui rendre compte de tout ce qui aura été fait dans la journée, et recevoir ses ordres sur ce qui sera à faire le jour suivant.

51.

Répartition dans les divers Ateliers, des Officiers attachés fixement aux Détails et leurs fonctions.

Le directeur général prendra les ordres du commandant pour répartir dans les divers chantiers et ateliers dépendants de chacune des trois directions, les officiers de vaisseau qui y seront fixement attachés, ceux de port, et ingénieurs-constructeurs. Lesdits officiers et ingénieurs-constructeurs seront chargés de la direction des travaux ordonnés, veilleront assidûment à ce qu'ils soient exécutés comme ils doivent l'être, maintiendront l'ordre et la police dans les chantiers et ateliers, et rendront un compte exact à leur directeur respectif, de tout ce qui concernera l'atelier ou chantier dont la direction particulière leur aura été confiée.

52.

Fonctions des Officiers

Les directeurs feront remettre à la fin de chaque mois, au major de la marine, des états de demande, visés du directeur général, dans lesquels ils fixeront le nombre des officiers destinés à être à la suite de leur détail, qu'ils jugeront devoir être nécessaires dans le mois suivant, pour suivre les travaux qui devront y être exécutés. Les officiers employés ainsi à la suite des détails, assisteront régulièrement à tous les appels qui se feront des ouvriers ou journaliers, et les vérifieront sur les états qui leur auront été remis par les directeurs; lesquels états devront contenir les noms, qualités et paies des ouvriers dont chaque atelier ou chantier devra être garni : lesdits officiers ne seront point chargés de la direction des travaux, mais ils veilleront à ce que les ouvriers emploient exactement tout leur temps, ne mettent en œuvre que de bonnes matières, et ne fassent pas de fausses consommations; et ils rendront un compte exact au directeur du détail, des manquements en tout genre qu'ils pourront observer.

employés à la suite des Détails.

53.

Chaque directeur inscrira dans un registre les ordres par écrit qui lui auront été donnés par le directeur général; et dans un second registre, les noms des officiers de vaisseau, officiers de port ou ingénieurs-constructeurs, auxquels il aura confié la direction particulière de chaque atelier ou chantier, ou la conduite d'une opération, ainsi que les noms des officiers qui auront été nommés chaque mois pour être à la suite de son détail. Il prendra note de ceux qui pourraient s'absenter pour en rendre compte au directeur général, et donnera un soin particulier à l'instruction des gardes du pavillon et de la marine employés sous ses ordres.

Chaque Directeur inscrira, dans un registre, les ordres du Directeur général, ainsi que les noms des Officiers attachés fixement ou à la suite de son Détail.

54.

Les officiers de vaisseau et de port, et les ingénieurs-constructeurs attachés fixement aux trois détails de l'arsenal, et les officiers qui auront été nommés à la suite desdits détails, exécuteront ponctuellement tous les ordres qui leur seront donnés par les directeurs et sous-directeurs, et seront au surplus subordonnés les uns aux autres suivant leur grade et ancienneté. Ordonne Sa Majesté aux directeurs desdits détails, de tenir soigneusement la main à ce que lesdits officiers et ingénieurs-constructeurs, par leur présence et

Les Officiers et Ingénieurs-constructeurs, attachés fixement aux Détails, et les Officiers, à la suite, exécuteront les ordres des Directeurs et Sous-directeurs.

TITRE IV.

leur assiduité, fassent accélérer les travaux qui auront été ordonnés, et leur enjoint de rendre compte au directeur général, de l'exactitude ou de la négligence que chacun desdits officiers ou ingénieurs-constructeurs aura apportée à remplir les fonctions dont il aura été chargé.

55.

Le Directeur de chaque Détail dressera un état des Ouvriers et Journaliers nécessaires pour les opérations de son Détail.

Lorsque le directeur général aura reçu les ordres du commandant pour quelques constructions, radoubs, ouvrages, mouvements ou opérations dans le port, il donnera ses ordres au directeur particulier du détail dont lesdits ouvrages, constructions ou opérations dépendront, afin que celui-ci fasse dresser un état général, par qualité et quantité, des ouvriers ou journaliers, ou du nombre d'escouades de forçats qui seront nécessaires pour l'exécution desdits ouvrages ou desdites opérations; un double dudit état, signé du directeur particulier, et approuvé du directeur général, après avoir été examiné et comparé aux devis dans le conseil de marine, sera visé du commandant et remis ensuite à l'intendant, qui ordonnera la levée desdits ouvriers ou journaliers, s'il ne s'en trouve pas dans le port un nombre suffisant pour fournir à tous les travaux, mouvements et opérations ordonnés, ainsi que la distribution des escouades de forçats.

56.

Aucun Ouvrier ne sera admis aux Chantiers ou Ateliers, sans un billet du Commissaire.

Aucun ouvrier ou journalier ne sera admis aux chantiers ou dans les ateliers, ou employé aux mouvements et opérations du port, sans un billet du commissaire des chantiers et ateliers. L'ouvrier ou journalier arrivant, se présentera au directeur du détail pour lequel il aura été destiné; et ledit directeur le fera inscrire sur son registre.

57.

Chaque Directeur fera la répartition des Ouvriers de son Détail.

Le directeur de chaque détail fera la répartition particulière des ouvriers arrivant dans les chantiers ou ateliers dépendants de sa direction; il aura soin de les distribuer avec toute l'économie que comporteront les circonstances, la nature du travail et le besoin plus ou moins pressant des ouvrages; il remettra au directeur général un tableau signé de lui, de la répartition qu'il aura faite desdits ouvriers et journaliers, et en fera remettre un double au commissaire des chantiers et ateliers.

58.

Cas de changement dans la distribution des Ouvriers ou Journaliers.

Dans le cas où la nature des ouvrages ordonnés exigera que le directeur général change la répartition première qui aura été faite des ouvriers ou journaliers dans les trois détails, chaque directeur particulier sera tenu de donner par écrit au commissaire des chantiers et ateliers, un état des changements qui auront été faits dans la distribution des ouvriers ou journaliers employés dans son détail.

59.

La paie des Ouvriers ne sera réglée qu'à la fin de chaque mois.

La paie ne sera assignée à chaque ouvrier nouvellement arrivé, qu'après que sa capacité aura été reconnue, trois jours seulement avant le paiement de la fin du mois, et selon que ladite paie aura été réglée par le commandant, de concert avec l'intendant, sur la proposition qui leur en aura été faite par le directeur du détail, de concert avec le commissaire des chantiers et ateliers. Les directeurs et ledit commissaire doivent s'attacher particulièrement à connaître par eux-mêmes et par les préposés sous leurs ordres, les bons et les médiocres ouvriers, afin que leur paie soit proportionnée à leurs services et capacité, et à leur assiduité au travail.

60.

Le Commissaire fera faire exactement les appels des Ouvriers.

Le commissaire des chantiers et ateliers fera faire exactement les appels par les commis chargés de cette fonction, toutes les fois que les ouvriers entreront au travail; il veillera à ce que lesdits commis n'emploient que des ouvriers et journaliers présents, et il s'en assurera lui-même par les appels particuliers qu'il fera, et fera faire aussi souvent qu'il le jugera à propos, pour vérifier si les ouvriers et journaliers, contenus dans les rôles, sont effectivement et fidèlement employés.

61.

Les Directeurs feront vérifier les appels.

Le directeur de chaque détail fera suivre et vérifier les appels par ceux des officiers à la suite du détail, qui auront été nommés pour y assister; et le directeur pourra faire répéter l'appel par les commis qui en seront chargés, aussi souvent qu'il le jugera à propos.

62.

Aucun Ouvrier ne pourra quitter l'Atelier sans permission.

Après que les appels à l'entrée des ouvriers auront été faits, il ne sera permis à aucun ouvrier ou journalier de quitter le chantier ou

TITRE IV.

atelier auquel il sera attaché, sans la permission par écrit du directeur ou sous-directeur du détail, ou de l'officier ou ingénieur-constructeur préposé à l'atelier ou au chantier; laquelle permission ne pourra être valide qu'autant qu'elle sera visée du commissaire préposé au détail des chantiers et ateliers.

63.

Il sera rendu compte des appels au Directeur par les Officiers.

Le directeur se fera rendre compte, chaque jour, par les officiers qui auront été chargés d'être présents aux appels des ouvriers, de ceux qui s'y seront trouvés : lesdits officiers remettront au directeur un extrait des rôles certifiés par eux; et copie dudit extrait, visée du directeur, sera remise, chaque soir, au directeur général qui la remettra au commandant.

64.

Il en sera rendu compte au Commissaire par les Commis chargés des appels.

Le commissaire se fera pareillement rendre compte, chaque jour, des appels, par les commis qui en seront chargés; il se fera remettre par eux un extrait certifié des rôles d'appels qu'il visera, et copie dudit extrait sera remise chaque soir par le commissaire à l'intendant.

65.

État général des journées d'Ouvriers et Journaliers à la fin de chaque mois.

Les directeurs retireront, tous les mois, des officiers qui auront assisté aux appels, et le commissaire, des commis qui les auront faits, les rôles d'appels des ouvriers ou journaliers des divers chantiers ou ateliers. Chaque directeur, pour sa partie, et le commissaire, pour les trois détails, vérifieront réciproquement les rôles qui leur auront été remis : ils en dresseront, chacun de leur côté, un état général qu'ils certifieront réciproquement; celui du directeur sera visé du directeur général, et remis par lui au commandant; et ceux du commissaire seront remis par lui à l'intendant. Sur lesdits états généraux, seront marqués les différentes fonctions des ouvriers ou journaliers, la paie qui leur aura été fixée, et les jours et heures qu'ils auront manqué au travail; afin que, sur cette connaissance, l'intendant puisse ordonner le paiement de ce qui sera légitimement dû; auquel paiement assisteront les directeurs, chacun pour leur détail, et le commissaire des chantiers et ateliers pour les trois détails.

TITRE IV.

66.

Le Directeur de chaque Détail fera dresser un Etat général des matières nécessaires pour l'exécution des ouvrages ordonnés.

Lorsque le directeur général aura reçu les ordres du commandant pour quelque construction, radoub ou autre ouvrage quelconque, il donnera ses ordres aux directeurs particuliers des trois détails, pour que ceux-ci, chacun pour la partie qui le concernera, fassent dresser des états généraux, par approximation, de toutes les matières nécessaires pour l'exécution desdits ouvrages; un double desdits états, signé du directeur du détail, et approuvé du directeur général, après avoir été examiné et comparé aux plans et devis dans le conseil de marine, sera visé du commandant, et remis ensuite à l'intendant, qui ordonnera l'approvisionnement desdites matières et la distribution successive d'icelles, à proportion des demandes journalières qui en seront faites au magasin général, en la forme prescrite par les articles suivants.

67.

Les demandes relatives aux constructions, seront faites par les Ingénieurs constructeurs.

Les demandes de matières œuvrées ou non-œuvrées, outils et ustensiles pour tout ce qui concerne la charpente du chantier, du corps du vaisseau, du berceau, des mâtures, hunes, cabestans, chaloupes et canots, et le calfatage, corroi et enduit du vaisseau, seront faites par écrit, par l'ingénieur-constructeur chargé de la construction ou du radoub du bâtiment. Ces billets de demandes, visés du directeur des constructions et du commissaire des chantiers et ateliers, seront portés par les contre-maîtres d'ouvrages au commissaire du magasin général, qui mettra son ordre au bas pour la délivrance des matières ou effets demandés; et lesdits billets serviront de décharge au garde-magasin. Lorsque lesdits effets ou matières auront été apportés au chantier, ils seront remis à la charge et garde du commissaire des chantiers et ateliers, qui en suivra et fera suivre l'emploi dans leur convertissement par les commis sous ses ordres, pour s'assurer si rien n'est diverti par les ouvriers, et si tout ce qui leur a été délivré a été effectivement et fidèlement employé.

68.

Les demandes de matières, pour les ouvrages à fabriquer dans les Ateliers des trois Détails,

A l'égard de tous ouvrages à exécuter dans les différents ateliers dépendants des trois directions, les demandes de matières, outils et ustensiles, seront faites par celui des officiers de vaisseau ou de port,

TITRE IV.

seront faites par les Officiers de Vaisseau ou de Port.

qui sera préposé à la direction particulière de l'atelier où les ouvrages ordonnés devront être exécutés; et il en sera usé du reste ainsi qu'il est prescrit par l'article précédent.

69.

Chaque Directeur tiendra registre des demandes qui auront été faites dans son Détail.

Le directeur de chaque détail fera tenir un registre, jour par jour, de toutes les demandes, de quelque nature qu'elles soient, qui auront été faites par les officiers de vaisseau ou de port, ou les ingénieurs-constructeurs préposés à la direction particulière des chantiers ou ateliers ressortissant de son détail.

70.

Le Commissaire des Chantiers et Ateliers tiendra registre des demandes et des matières apportées dans les Chantiers et Ateliers, et suivra l'emploi desdites matières.

Le commissaire des chantiers et ateliers fera pareillement tenir un registre exact, jour par jour, de toutes les demandes qui auront été faites dans les divers chantiers ou ateliers dépendants de chaque direction, et de la réception de toutes les matières œuvrées ou non-œuvrées, outils ou ustensiles qui seront apportés dans chacun desdits chantiers ou ateliers.

71.

Les Directeurs feront tenir, par les Maîtres d'ouvrages, un casernet de toutes les matières employées.

Les directeurs des détails, et sous leurs ordres, les officiers ou ingénieurs-constructeurs préposés à chaque atelier ou chantier, auront soin que les contre-maîtres ou chefs d'ateliers et d'ouvrages, marquent, dans un casernet qu'ils leur donneront à cet effet, toutes les matières par espèce, quantité, dimensions et dénominations qui seront employées journellement dans leurs ateliers et chantiers respectifs, et tiennent note du déchet que lesdites matières auront éprouvé dans leur convertissement.

72.

L'extrait desdits casernets sera remis, toutes les semaines, aux Directeurs et au Commissaire des Détails, pour être remis au Commandant et à l'Intendant.

Chaque officier de vaisseau ou de port, ou ingénieur-constructeur, préposé à un atelier ou chantier, se fera remettre toutes les semaines un extrait desdits casernets, qu'il remettra au directeur après l'avoir vérifié; et il en sera remis un pareil au commissaire des chantiers et ateliers, par les commis préposés à suivre l'emploi des matières, auxquels les contre-maîtres ou chefs d'ouvrages seront tenus de donner un extrait de leurs casernets.

73.

Recette au Magasin général des ouvrages fabriqués dans les Ateliers.

Aussitôt que les ouvrages ordonnés auront été fabriqués dans chaque atelier, le commissaire des chantiers et ateliers en fera faire recette au magasin général; et ils seront remis à la charge et garde du garde-magasin, dans quelque endroit de l'arsenal qu'ils aient été déposés. Ledit garde-magasin en donnera au commissaire des chantiers et ateliers, un certificat de réception, visé du commissaire du magasin général; et il sera fait mention sur le registre dudit magasin, du lieu où les ouvrages livrés auront été déposés; il y sera pareillement fait mention des poids, dimensions et quantité desdits ouvrages, et du déchet que la matière aura éprouvé dans son convertissement, afin de connaître si le déchet et le net rendent ensemble la quantité de matière qui avait été délivrée des magasins.

74.

Chaque Directeur fera dresser un Etat général de toutes les matières employées, et des ouvrages faits pendant le mois.

Le directeur de chaque détail fera dresser à la fin du mois, un état général de toutes les matières qui auront été apportées, pendant le mois, dans les chantiers ou ateliers dépendants de sa direction, par dénominations, qualité, quantité, poids ou dimensions. Il fera connaître dans ledit état la destination ou l'emploi desdites matières, ce qui en aura été employé, ce qui en restera dans les chantiers ou ateliers, l'espèce et la quantité des ouvrages qui en seront provenus, le déchet que lesdites matières auront éprouvé dans leur convertissement; et l'époque de la livraison au magasin général, des ouvrages qui auront été fabriqués.

75.

Le Commissaire des Chantiers et Ateliers, fera dresser un Etat dans la même forme.

Le commissaire des chantiers et ateliers fera de son côté dresser un état dans la même forme pour chaque détail particulier.

76.

Lesdits États vérifiés et remis au Commandant et à l'Intendant.

Chaque directeur pour sa partie, et le commissaire pour les trois détails, vérifieront et certifieront réciproquement leurs états de matières, déchet et ouvrages: celui de chaque directeur sera visé du directeur général et remis par lui au commandant; et ceux du commissaire des chantiers et ateliers seront remis par lui à l'intendant.

TITRE IV.

77.

Il sera dressé, par les Directeurs, un État général des matières et journées employées pour la construction et l'équipement d'un Vaisseau ou autre bâtiment.

Lorsqu'une construction aura été achevée, que le magasin particulier du vaisseau sera complet, et que tout ce qui doit former son armement et équipement sera préparé, chaque directeur, pour sa partie, fera dresser un état de toutes les matières œuvrées ou non œuvrées qui auront été tirées du magasin général; des prix d'icelles dont il lui sera donné connaissance par écrit par le contrôleur; et du nombre et des prix des journées employées pour la main-d'œuvre: chaque directeur remettra son état au directeur général qui fera réunir ces trois états pour n'en former qu'un seul, servant à connaître la dépense à laquelle monteront ensemble, la construction, le gréement et l'équipement du vaisseau ou autre bâtiment; et ledit état, certifié de chaque directeur pour sa partie, et visé du directeur général, sera remis par celui-ci au commandant.

78.

Pareil État pour les refontes et radoubs.

On procédera de la même manière pour parvenir à connaître la dépense à laquelle monteront chaque refonte, radoub ou réparation considérables faites aux vaisseaux ou autres bâtiments flottants.

79.

Le Commissaire dressera de pareils États pour les constructions et les radoubs.

Le commissaire des chantiers et ateliers dressera de son côté et dans la même forme, pour chaque construction, refonte ou radoub, un état général qu'il certifiera et remettra à l'intendant, pour être par lui visé.

80.

Lesdits États seront examinés dans le Conseil de Marine.

Les états dressés dans la forme précédente par les trois directeurs et le commissaire des chantiers et ateliers, seront examinés dans le conseil de marine, qui les comparera entre eux et avec les plans et devis qui y avaient été arrêtés, et donnera son avis sur iceux; et il en sera usé, pour lesdits états et l'avis du conseil, ainsi qu'il sera prescrit par la présente Ordonnance, au *titre XVIII du conseil de marine permanent.*

81.

Les Directeurs assisteront à la recette

Le directeur de chaque détail assistera par lui-même, ou par les officiers ou ingénieurs-constructeurs sous ses ordres, à la recette qui sera faite par le commissaire du magasin général, de toutes les matières et marchandises qui devront être travaillées, converties ou employées dans les différents chantiers ou ateliers ressortissants de sa direction, et de tous ouvrages relatifs à son détail; et il veillera à ce que les gardes du pavillon et de la marine, employés sous ses ordres, assistent toujours à ladite recette pour leur instruction.

de toutes les matières et marchandises qui devront être employées dans les Chantiers ou Ateliers de leur Direction.

82.

Les marchés et échantillons seront représentés lors de la recette.

La réception desdites fournitures sera faite conformément aux états de Sa Majesté, et aux marchés qui en auront été passés en présence du conseil de marine, lesquels seront lus avant que de procéder à la recette; et seront les marchandises et ouvrages, confrontés avec les échantillons qui, lors de l'adjudication, auront été présentés au conseil, et cachetés du cachet du président, de celui de l'intendant, de celui du contrôleur et de celui de l'entrepreneur ou adjudicataire. Il ne pourra être fait aucune compensation du fort au faible que par l'ordre exprès de Sa Majesté; et l'on se conformera au surplus, pour ce qui doit être observé dans lesdites recettes, à ce qui est prescrit par l'Ordonnance du 25 mars 1765, *concernant la marine, titre LII, articles* 703 *jusqu'à* 716, et en ce qui n'est pas contraire à la présente Ordonnance.

83.

Dans le cas de diversité d'avis sur la qualité des fournitures, le rapport en sera fait au Conseil de la Marine, qui en délibérera.

Dans le cas où les directeurs ne seraient pas de l'avis du commissaire du magasin général ou du contrôleur, relativement à la qualité des matières, marchandises, munitions ou ouvrages présentés pour être reçus, il sera sursis à la réception d'iceux, et le commandant ordonnera l'assemblée extraordinaire du conseil de marine, où seront lus les rapports et avis desdits directeurs, commissaire et contrôleur, qui dans ce cas là n'auront pas voix délibérative; et d'après l'avis du conseil, lesdites fournitures seront acceptées ou rejetées. Mais si le conseil estime qu'un nouvel examen desdites fournitures soit nécessaire pour décider son avis, il nommera tels autres commissaires qu'il lui plaira choisir parmi ses membres, pour procéder audit examen, et donnera son avis sur leur rapport; et dans le cas où l'objet desdites fournitures serait considérable, les différents rapports

TITRE IV.

des directeurs, du commissaire du magasin général et du contrôleur, et ceux des commissaires du conseil, ainsi que l'avis dudit conseil, seront envoyés par le président au secrétaire d'état ayant le département de la marine; et il ne sera procédé à la recette desdites fournitures, qu'après que Sa Majesté aura fait connaître ses intentions au commandant et à l'intendant.

84.

La police des Chantiers et Ateliers, et Vaisseaux, appartiendra au Commandant.

La police des chantiers et ateliers de l'arsenal et des vaisseaux, et tous autres bâtiments désarmés dans le port, appartiendra au commandant, et sous son autorité au directeur général de l'arsenal, et aux directeurs particuliers des trois détails.

85.

La police des Magasins, Bureaux, Bâtiments civils, Hôpitaux et Bagnes, appartiendra à l'Intendant.

La police des magasins et des bureaux affectés aux cinq commissaires et au contrôleur, celle des bâtiments civils, des hôpitaux et bagnes, appartiendra à l'intendant, et sous son autorité au commissaire général et aux commissaires ordinaires, préposés aux cinq bureaux dans chaque port.

86.

Ouvriers, Journaliers et Gardiens des Vaisseaux, à qui subordonnés.

Les contre-maîtres, maîtres d'ouvrages ou d'ateliers, ouvriers et journaliers employés aux chantiers et ateliers, ou aux opérations et mouvements du port, ainsi que les gardiens des vaisseaux ou autres bâtiments flottants et machines à leur usage; et les guetteurs ou observateurs de signaux, seront et demeureront sous l'autorité du commandant, et sous les ordres du directeur général et du directeur particulier du détail auquel ils seront affectés; et seront au surplus subordonnés en tout, à tous officiers de vaisseau ou de port, ou ingénieurs-constructeurs, chargés de la direction particulière des chantiers et ateliers, ou d'en suivre les travaux.

87.

Gardiens des Magasins et des Bureaux, et Consignes des portes, et tous Entretenus pour les Hôpitaux et Chiourmes, à qui subordonnés.

Les gardiens des bureaux des commissaires, ceux des magasins, ceux des chantiers et ateliers, les suisses et consignes des portes, et tous entretenus pour le service et la garde des hôpitaux et des chiourmes, et la garde des bâtiments civils, seront et demeureront sous l'autorité de l'intendant, et sous les ordres du commissaire général et des commissaires ordinaires et surnuméraires.

88.

La garde du Port sera confiée aux Troupes de la Marine.

La garde des portes de l'arsenal, celle de l'avant-garde et de l'arrière-garde du port, seront (suivant le local) confiées aux troupes du corps-royal d'infanterie de la marine, conformément à l'article 4 de l'Ordonnance du 8 novembre 1774, et leurs corps-de-garde seront dans l'intérieur de l'enceinte: les mêmes troupes garderont les magasins à poudre et le parc d'artillerie.

89.

L'Officier de garde à la patache arrêtera les étrangers.

L'officier de garde à la patache observera soigneusement si les bâtiments qui entrent dans le port n'ont point à bord quelques étrangers ou personnes inconnues, et en ce cas, il les fera conduire chez le commandant du port: mais si ce sont des personnes de considération, il prendra seulement leurs noms et logements sur un billet qu'il enverra au commandant. Il ne laissera sortir du port aucuns bâtiments, sans préalablement les avoir fait visiter, afin de s'assurer qu'ils n'emportent aucuns effets appartenants au Roi.

90.

Il y aura un Suisse ou Consigne établi à chaque porte de l'Arsenal.

Indépendamment de la garde, il y aura à chaque porte ou issue de l'arsenal, conformément à l'article 4 de ladite Ordonnance du 8 novembre 1774, un suisse ou consigne qui sera en poste fixe, pour faire connaître aux sentinelles et aux corps-de-garde, les ouvriers ou autres gens qu'on pourra laisser entrer et sortir, et qui auront un service habituel à remplir dans l'arsenal, et pour recevoir les billets pour la sortie des effets qui devront être convertis en ouvrages hors de l'arsenal, portés à bord des vaisseaux, et prêtés ou vendus à des particuliers; lesquels billets ledit suisse ou consigne remettra tous les soirs, après le travail du port, à l'intendant, pour être par lui examinés et vérifiés.

91.

La Garde observera soigneusement ceux qui entrent ou qui sortent.

La garde des portes de l'arsenal observera soigneusement ceux qui entrent ou qui sortent, arrêtera ceux qui emporteront des effets, et qui n'auront point un billet de sortie signé du commissaire du magasin général, ou de celui des chantiers et ateliers, suivant la nature desdits effets; et défendra absolument l'entrée à tout étranger,

TITRE IV.

s'il n'est muni d'une permission par écrit du commandant, et même aux habitants du lieu, s'ils ne sont pas très-connus ou accompagnés d'un officier ou autre personne connue qui en répondra, et qui sera obligé de donner le nom de l'habitant et le sien aux corps-de-garde, pour être rapporté au commandant du port.

92.

Ouverture des portes.

Les portes et issues de l'arsenal seront fermées et ouvertes aux mêmes heures que les chaînes du port, et la clef de chaque porte sera déposée au corps-de-garde établi à terre, duquel sera tirée la sentinelle.

93.

Comment les portes seront gardées.

La garde des portes et issues de l'arsenal, pour les suisses ou consignes, ne sera que depuis leur ouverture jusqu'à leur fermeture; et si des travaux extraordinaires exigent que quelqu'une desdites portes ou issues soit ouverte pendant la nuit, le commandant en donnera l'ordre; et en ce cas les suisses ou consignes se mettront à leur poste que les sentinelles ne quitteront ni de jour, ni de nuit, sous quelque prétexte que ce puisse être.

94.

Alarme et accident.

En cas d'alarme ou d'accident, à moins que le besoin ne soit extrêmement pressant, les portes de l'arsenal resteront fermées, jusqu'à ce qu'un officier-major de la marine ou un des officiers attachés à la direction du port, se présente pour laisser entrer ceux dont le secours est nécessaire.

95.

Chaloupes et Escouades de secours.

Il y aura pendant la nuit, auprès de chaque corps-de-garde, une chaloupe armée d'avirons pour porter, en cas d'accident ou de surprise, les gardiens, ouvriers et soldats, où le besoin l'exigera.

96.

Chaloupes de ronde.

Il y aura toujours quelques chaloupes armées de nageurs et d'un patron pour faire les rondes : et dans les ports où les rondes ne pourront se faire par mer, elles se feront par terre sur les quais de l'arsenal.

97.

Le Commandant donnera

La permission d'entrer dans le port et d'en sortir, pour les bâtiments français ou étrangers, sera donnée par le commandant; et les capitaines, maîtres ou patrons desdits bâtiments, s'adresseront pour l'obtenir au directeur du port.

la permission d'entrer et de sortir.

98.

Aucun Étranger n'entrera dans les Vaisseaux sans permission.

Aucun étranger, ni même les habitants du lieu, ne pourront entrer dans les vaisseaux ou autres bâtiments désarmés dans le port, sans la permission par écrit du commandant.

99.

Feux et Phares.

Les feux de signaux et phares seront dans la dépendance du commandant du port qui en aura la police, et veillera au maintien du bon ordre et à la conduite des gardiens et guetteurs préposés auxdits phares, ou entretenus pour avertir des événements du dehors. Lesdits gardiens et guetteurs rendront compte de ce qu'ils auront vu au directeur du port, qui portera aussitôt au commandant les avis qui lui viendront par cette voie; et s'il était fait des signaux pendant la nuit, les guetteurs en avertiront aussitôt le directeur du port et l'officier de garde à l'amiral.

Les Guetteurs et Observateurs des signaux rendront compte de ce qu'ils auront vu au Directeur du Port.

100.

Les Officiers entretenus dans les Ports pourront faire arrêter ceux qui le mériteront.

Tous les officiers entretenus dans les ports du roi, pourront faire arrêter et emprisonner sur-le-champ ceux qu'ils verront commettre quelque excès ou désordre, et les ayant fait arrêter, ils ne pourront les mettre en liberté; mais ils en rendront compte aussitôt au commandant, si c'est un homme qui appartienne au militaire, ou qui soit employé dans un des trois détails de l'arsenal, ouvrier, journalier ou gardien de vaisseau, ou qui soit de l'équipage d'un vaisseau armé; et à l'intendant, si c'est un matelot non employé dans l'arsenal ou non armé, ou gardien de bureau, magasin, chantier, atelier et bâtiment civil, ou consigne des portes, ou un homme attaché au service des hôpitaux ou à la garde des chiourmes.

101.

Tous crimes, autres que vols et délits commis dans l'enceinte de l'Arsenal, hors des magasins, des bureaux

Veut Sa Majesté que tous crimes et délits, autres que vols, commis dans l'enceinte de l'arsenal, par quelque personne que ce soit, soient jugés à l'avenir par le conseil de guerre; dérogeant à toutes ordonnances, réglements, instructions ou commissions à ce con-

TITRE IV.

des Commissaires, des Hôpitaux et Bagnes, seront jugés par le Conseil de guerre.

traires : entend toutefois Sa Majesté, que les crimes et délits commis dans les magasins, dans les bureaux des commissaires et contrôleurs, dans les hôpitaux, bagnes et salles de force, ainsi que tous vols commis, soit dans lesdits magasins, bureaux, hôpitaux et bagnes, soit en général dans l'enceinte de l'arsenal, continuent d'être du ressort et de la justice particulière de l'intendant.

102.

Comment sera instruit le procès.

Dans le cas où les crimes et délits ressortiront au conseil de guerre, la plainte sera faite au commandant, soit par les directeurs de détails, soit par les commissaires préposés aux bureaux, ou le garde-magasin, suivant la nature du délit; et ledit commandant ne pourra refuser de recevoir ladite plainte, sans des raisons graves, dont, en ce cas, il informera sur-le-champ le secrétaire d'état ayant le département de la marine, pour qu'il en soit rendu compte à Sa Majesté. Ladite plainte sera remise sans délai au major de la marine, ou en son absence, à l'aide-major, qui dressera sa requête au bas de la plainte; et ladite requête ayant été répondue par le commandant, d'un *soit fait ainsi qu'il est requis,* l'instruction du procès sera faite, à la réquisition dudit major, par le prévôt de la marine ou son lieutenant, en la manière accoutumée, et ainsi qu'il est prescrit par l'ordonnance du 25 mars 1765, *concernant la marine*, titre CII, *du conseil de guerre.*

103.

Feux défendus et permis.

Défend Sa Majesté, à peine de la vie, à toutes personnes de faire du feu dans le port et dans l'arsenal, sous quelque prétexte et en quelque occasion que ce soit, si ce n'est dans les pigoulières et fourneaux destinés à chauffer le brai, goudron et corroi pour les carennes ; dans les étuves et goudronneries, ou endroits marqués par le directeur général de l'arsenal, pour plier les bordages, et dans les forges : dans tous les cas, les feux seront veillés tant qu'ils seront allumés.

104.

Aucun Ouvrier ne fumera dans les lieux du travail.

Seront punis, suivant la conséquence du fait, ceux qui fumeront dans les ateliers du port et autres lieux des travaux.

105.

Feux défendus dans les logements de l'Arsenal.

Fait Sa Majesté très-expresses inhibitions et défenses à tous gardiens et autres logés dans l'enceinte des arsenaux de la marine, d'avoir du feu dans leur logement ou d'en allumer après neuf heures du soir, si ce n'est dans le corps-de-garde des troupes; et ceux qui, dans le temps permis, auront des chandelles allumées, seront obligés de les tenir dans des lanternes, à peine de cinquante livres d'amende contre les contrevenants, et d'être chassés de leurs logements.

106.

Logements défendus dans l'enceinte de l'Arsenal.

Aucun officier, commissaire des ports et arsenaux, contrôleur de la marine, ou ingénieur-constructeur, ne pourra loger dans les bâtiments des arsenaux et dans l'enceinte du port, sous quelque prétexte que ce soit. Veut Sa Majesté que ceux qui y seraient actuellement logés, aient vidé les lieux six mois après la publication de la présente ordonnance : enjoint aux commandants et intendants de ses ports, de tenir sévèrement la main à l'exécution du présent article, à peine de répondre de l'infraction en leur propre et privé nom. N'entend toutefois Sa Majesté comprendre dans la présente prohibition le logement affecté, dans le port de Brest, près l'arrière-garde, à un des officiers de port; et se réserve d'en destiner un pour le même objet à Toulon et à Rochefort, afin qu'il couche dans chaque arsenal un desdits officiers, pour faire les premières dispositions de secours en cas d'incendie.

107.

Renvoi à l'Ordonnance de 1765, pour les cas non prévus.

Veut au surplus Sa Majesté, que tout ce qui est prescrit par l'ordonnance du 25 mars 1765, *concernant la marine*, livre VI, *de la garde, sûreté, police et conservation des ports et arsenaux*, soit maintenu et suivi en tout ce qui n'est pas contraire à la présente ordonnance, et dans les points auxquels il n'a pas été pourvu.

108.

Ce qui sera pratiqué dans les départements du Hâvre, de Dunkerque, de Bordeaux, et les autres Ports.

Lorsque Sa Majesté aura ordonné des constructions ou autres ouvrages dans les départements du Hâvre, de Dunkerque, de Bordeaux ou dans d'autres ports, elle nommera les capitaines de vaisseau et autres officiers de sa marine, et les ingénieurs-constructeurs

TITRE IV. qui devront diriger lesdites constructions et ouvrages; les commissaires généraux ou ordinaires, ordonnateurs, les contrôleurs, les gardes-magasins et tous autres, se conformeront, chacun pour la partie qui le concerne, et autant que le local et les circonstances le permettront, à ce qui est prescrit par la présente ordonnance, pour le service des arsenaux dans les ports de Brest, Toulon et Rochefort.

# TITRE V.

## *Des Bureaux des Commissaires des Ports et Arsenaux de Marine.*

109.

LA répartition des différents objets relatifs à l'administration des deniers et des matières, et à la comptabilité, sera faite dans les cinq bureaux de chaque port, ainsi qu'il est prescrit aux *titres Ier et III de la présente ordonnance.*

110.

Tenue des Registres et forme des écritures.

Les commissaires des ports et arsenaux de marine, chacun dans leur partie, se conformeront, pour la tenue des registres et des comptes, la forme des écritures, et tout ce qui concerne les fonctions qui leur sont confiées, à ce qui était prescrit aux commissaires et autres officiers d'administration de marine, par l'ordonnance du 15 avril 1689, *pour les armées navales et arsenaux de la marine,* et celle du 25 mars 1765, *concernant la marine*, en observant de se renfermer exactement dans les seules fonctions qui leur sont attribuées par la présente ordonnance, sans jamais s'écarter de l'esprit de ses dispositions.

# TITRE VI.

## *Du Commandant dans le Port.*

111.

Le commandant exécutera et fera exécuter tous les ordres qui lui seront adressés par Sa Majesté, et il exercera ses fonctions suivant l'étendue de l'autorité qui lui est donnée. Autorité du Commandant.

112.

Il veillera à ce que les officiers de vaisseau, officiers de port, ingénieurs-constructeurs et tous autres sous sa charge, remplissent exactement les fonctions qui leur sont confiées; et il fera exécuter les ordonnances, et maintiendra la discipline dans tous les ordres, en ce qui le concerne, à peine de répondre du relâchement en son propre et privé nom. Le Commandant tiendra la main à l'exécution du service.

113.

Il ordonnera des constructions et radoubs, des armements et désarmements, et de tous les travaux, mouvements et opérations du port. Il aura sous sa charge et à sa garde les vaisseaux et autres bâtiments désarmés dans le port, et machines à leur usage; et ordonnera de la police des chantiers et ateliers et vaisseaux désarmés. Ordonnera de tous les travaux, mouvements et opérations du Port, et aura les Vaisseaux sous sa charge.

114.

Il pourvoira à la garde, à la conservation et à l'entretien des vaisseaux dans le port, et à leur sûreté contre les accidents du temps et du feu, et contre les entreprises que les ennemis pourraient faire. Il fera choix par préférence, dans les invalides de la marine, des gardiens de vaisseaux et autres bâtiments et machines, autant que lesdits invalides seront en état de remplir les fonctions auxquelles ils seront destinés; et il prendra dans les officiers-mariniers de pilotage, les guetteurs et observateurs de signaux. Pourvoira à la garde, conservation, entretien et sûreté des Vaisseaux.

TITRE VI.

115.

Fera la répartition des Officiers dans les trois Détails.

Il fera la répartition dans chacun des trois détails de l'arsenal, des officiers de vaisseau ou de port, et des ingénieurs-constructeurs, qui y seront fixement attachés, ainsi que de tous entretenus et employés sous ses ordres; et il emploiera les lieutenants et les enseignes de vaisseau qui ne seront point destinés à la mer, ni attachés fixement à un des trois détails, à suivre tous les travaux des chantiers et ateliers, et à la visite des vaisseaux désarmés dans le port, conformément à ce qui est prescrit au *titre II de la présente ordonnance.*

116.

En fera tenir un registre par le Major.

Il fera tenir, à cet effet, par le major de la marine et des armées navales, un registre de tous les officiers et ingénieurs-constructeurs, dans lequel la destination particulière de chacun sera marquée.

117.

Enverra à la Cour, chaque année, les apostilles des Officiers et Ingénieurs-constructeurs.

Il enverra tous les ans au secrétaire d'état ayant le département de la marine, les apostilles des officiers et ingénieurs-constructeurs sous sa charge, pour faire connaître ceux qui se distingueront par leur zèle et capacité, et par leurs talents, ainsi que ceux qui montreront de la négligence pour le service, ou qui y auront peu d'aptitude.

118.

Proposera à Sa Majesté les Ingénieurs-constructeurs qui devront être envoyés dans les forêts.

L'intention de Sa Majesté étant qu'à l'avenir les ingénieurs-constructeurs soient destinés à la visite des forêts; qu'ils y fassent le choix des arbres propres à être employés pour le service de la marine; qu'ils y règlent les dimensions des pièces et leur destination; et rendent compte au commandant et à l'intendant, de toute la suite des opérations dont ils seront chargés dans lesdites forêts; le commandant, sur la connaissance qui lui sera donnée par le secrétaire d'état ayant le département de la marine, ou par l'intendant du port, des marchés qui auront été passés, et du temps où les bois devront être rendus dans le port, proposera à Sa Majesté ceux des ingénieurs-constructeurs et des contre-maîtres de construction qui paraîtront les plus propres à en être chargés : et pour se déterminer sur le choix desdits sujets, il prendra l'avis du directeur général, du directeur des constructions et de l'ingénieur-constructeur en chef.

119.

Réglera la paie des Maîtres et Ouvriers, de concert avec l'Intendant.

Sur les rapports qui lui seront faits par le directeur général, le directeur particulier de chaque détail, et l'ingénieur-constructeur en chef, de l'activité et du mérite des différents maîtres et ouvriers, il réglera, de concert avec l'intendant, la paie desdits maîtres et ouvriers, et les augmentations dont ils seront jugés susceptibles, ou les diminutions que leur négligence devra mériter; et dans le cas où il y aurait diversité d'avis sur le fait de la paie des ouvriers et journaliers, entre lesdits commandant et intendant, il sera sursis à la fixation, et ils en rendront compte, chacun de leur côté, au secrétaire d'état ayant le département de la marine.

120.

Donnera l'ordre pour faire cesser le travail en cas de mauvais temps.

Lorsque le mauvais temps obligera de faire cesser les travaux dans les chantiers ou ateliers découverts, le commandant donnera l'ordre pour faire sonner la cloche qui annoncera la cessation du travail, et désignera les ateliers où le travail ne devra pas être discontinué.

121.

Fera de fréquentes visites des Vaisseaux et Ateliers.

Il fera le plus souvent qu'il lui sera possible, la visite des vaisseaux ou autres bâtiments désarmés dans le port, de ceux en construction et en radoub, et de tous les chantiers et ateliers de l'arsenal.

122.

Fera la visite des différents Magasins.

Il fera aussi souvent qu'il le jugera à propos, ou fera faire par le directeur général et les directeurs particuliers, la visite des différents magasins, que le commissaire du magasin général sera tenu de faire ouvrir à la première réquisition qui lui en sera faite, et où le garde-magasin sera toujours présent par lui ou l'un de ses commis.

123.

Veillera soigneusement à l'entretien des Vaisseaux, et s'occupera de connaître leur situation.

Il veillera et fera veiller par le directeur général, à ce que le directeur et le sous-directeur des constructions, et l'ingénieur-constructeur en chef, fassent de fréquentes visites des vaisseaux et autres bâtiments désarmés dans le port, et que lesdits bâtiments soient carénés aussi souvent qu'il est prescrit par la présente Ordonnance.

TITRE VI. Il distribuera les ingénieurs-constructeurs ordinaires, de manière que chacun d'eux soit chargé nommément de l'entretien d'un certain nombre de vaisseaux, et par préférence de ceux qu'il aura construits: il s'occupera à connaître exactement la situation de chaque vaisseau et autres bâtiments; et sur les rapports qui lui seront faits, il ordonnera sans délai les répartions d'entretien qui pourront prévenir la filtration des eaux, ainsi que les radoubs peu considérables qui pourront arrêter le progrès du mal, et procurer la plus longue durée des vaisseaux.

124.

Veillera à la propreté et à la sûreté des Vaisseaux, et à l'entretien du port et de la rade.

Il veillera pareillement, et fera veiller par le directeur général à ce que le directeur de port visite et fasse visiter souvent les amarres des vaisseaux, les fasse relever et manier une fois l'an, fasse remuer le lest chaque fois qu'on donnera une carène aux bâtiments, change de côté deux ou trois fois l'an les vaisseaux qui seront amarrés l'un auprès de l'autre, fasse couvrir de prélarts les panneaux et écoutilles, balayer et étancher les bâtiments, et s'occupe assidûment de tout ce qui concerne la propreté et la sûreté des vaisseaux, ainsi que l'entretien et le curage du port et de la rade.

125.

Prendra connaissance du lestage et délestage des navires marchands.

Il prendra connaissance du fait du lestage et délestage de tous les bâtiments qui mouilleront dans le port et dans la rade, et chargera le directeur ou le capitaine de port de ce détail : il veillera au surplus à ce que tout ce qui est prescrit pour le lestage et délestage, par l'Ordonnance du 25 mars 1765, *concernant la marine, titre XLIV*, soit maintenu et suivi.

126.

Se conformera à l'état des ouvrages ordonnés.

Il se conformera, avec la plus grande exactitude, à l'état des ouvrages ordonnés, à proportion des fonds qui y auront été destinés, et dont chaque mois l'intendant lui donnera connaissance par écrit; et lesdits commandant et intendant concerteront ensemble leurs opérations respectives, de manière que les dépenses des travaux, celles des approvisionnements et les dépenses fixes du port, n'excèdent pas la quantité des fonds disponibles, et que chaque dépense soit proportionnée aux fonds qui auront été assignés pour chaque objet.

TITRE VI.

127.

Le commandant aura pareillement connaissance chaque mois, et toutes les fois qu'il le requerra, de tous les effets qui existeront dans les magasins, et de l'état des vivres existants, par les inventaires dont l'intendant lui fera remettre un double qu'il aura visé.

Aura connaissance de l'état des magasins.

128.

Il assistera par lui-même, ou par le directeur général et les directeurs particuliers, ou les officiers et les ingénieurs-constructeurs sous leurs ordres, à toutes les recettes de matières, munitions et marchandises quelconques, et signera aux procès-verbaux de réception, en se conformant au surplus à tout ce qui a été prescrit à cet égard au *titre IV* de la présente Ordonnance.

Assistera à toutes les recettes.

129.

Il se fera rendre compte tous les jours par le directeur général, les directeurs et les sous-directeurs des trois détails, et l'ingénieur-constructeur en chef, du progrès des ouvrages et de tout ce qui concernera les chantiers et ateliers, et les vaisseaux et autres bâtiments désarmés dans le port. Il donnera tous les jours ses ordres chez lui, à une heure qu'il aura fixée; et tous les officiers et autres qui auront des comptes à lui rendre et des ordres à recevoir, seront tenus de s'y trouver.

Se fera rendre compte et donnera ses ordres tous les jours à une heure fixe.

130.

Il enverra tous les mois au secrétaire d'état ayant le département de la marine, un extrait des ouvrages qui auront été faits aux vaisseaux en construction, en refonte ou en radoub, et dans chacun des ateliers dépendants des trois détails, afin que Sa Majesté soit informée régulièrement de l'avancement des constructions et autres ouvrages.

Enverra tous les mois un Etat des journées et des matières employées dans chaque Chantier ou Atelier.

131.

Il fera dresser au commencement de chaque mois, un état des vaisseaux, frégates, flutes, corvettes et autres bâtiments du port; il y sera observé s'ils sont à la mer, en construction, en refonte ou en radoub; et la situation du corps de chaque bâtiment y sera marquée. Ledit état signé du directeur des constructions et de l'ingénieur-constructeur en chef, visé du directeur général et vérifié par le

Enverra chaque mois un Etat des Vaisseaux.

TITRE VI.

contrôleur, sera envoyé tous les mois au secrétaire d'état ayant le département de la marine, par le commandant qui le visera, en fera déposer une copie au contrôle et remettre un double à l'intendant.

132.

Fera faire les plans et devis des Vaisseaux dont la construction aura été ordonnée.

Lorsque Sa Majesté aura ordonné la construction d'un vaisseau ou de tout autre bâtiment, et agréé l'ingénieur-constructeur qui lui aura été proposé par le commandant, pour être chargé de ladite construction, ledit commandant donnera ses ordres au directeur général, pour que celui-ci fasse faire par l'ingénieur-constructeur qui aura été agréé par Sa Majesté, les plans et devis du vaisseau ou autre bâtiment ordonné. Ces plans et devis seront faits doubles et parfaitement semblables : ils seront approuvés du directeur des constructions et de l'ingénieur-constructeur en chef, et visés du directeur général qui les remettra au commandant pour être examinés dans le conseil de la marine; et ledit commandant enverra lesdits plans et devis visés de lui, et l'avis du conseil sur iceux, au secrétaire d'état ayant le département de la marine.

133.

Fera dresser un État général des Ouvriers, et un autre des matières nécesssaires pour chaque construction.

Lorsque lesdits plans et devis auront été approuvés par Sa Majesté et renvoyés dans le port au commandant, pour être exécutés, ledit commandant fera déposer au contrôle de la marine une copie desdits plans et devis, et remettra la seconde au directeur général qui fera dresser par l'ingénieur-constructeur en chef, sous l'inspection du directeur des constructions, deux états séparés, l'un des ouvriers par quantité et espèce, l'autre des matières quelconques nécessaires pour ladite construction; et après que lesdits états auront été examinés et approuvés dans le conseil de marine, le commandant en fera remettre à l'intendant un double signé du directeur des constructions et de l'ingenieur-constructeur en chef, approuvé du directeur général et visé du commandant, afin que ledit intendant puisse ordonner la levée et la distribution des ouvriers, conformément à ce qui est prescrit au *titre IV* de la présente Ordonnance.

134.

En usera de même pour les radoubs.

Le commandant en usera pour les refontes, radoubs et autres ouvrages considérables à faire à tous les bâtiments flottants, ainsi qu'il est prescrit par les précédents articles, pour les construstions nouvelles.

135.

Prendra les mesures nécessaires pour que les travaux soient achevés dans les temps prescrits.

Il prendra les mesures nécessaires pour que les travaux ordonnés soient achevés dans les temps qui seront prescrits par Sa Majesté, et il fera en sorte que les vaisseaux qui auront été mis sur les chantiers ou dans les bassins, puissent être construits ou refondus dans l'espace de huit mois au plus tard.

136.

Fera préparer tout ce qui sera nécessaire au gréement du Vaisseau en construction.

Dès que la quille d'un vaisseau ou autre bâtiment sera posée sur les chantiers, il donnera ses ordres au directeur général, pour que celui-ci fasse faire par le directeur de port, un état de tous les cordages, poulies, voiles, apparaux et ustensiles quelconques, nécessaires pour l'entier équipement du vaisseau; ledit état signé du directeur de port, approuvé du directeur général et visé du commandant, après avoir été examiné dans le conseil de marine, sera remis à l'intendant qui ordonnera que les chanvres, goudrons, toiles et autres effets, matières et marchandises nécessaires pour la fabrication et la préparation des agrès, apparaux et ustensiles qui doivent composer le magasin particulier dudit vaisseau, soient délivrés du magasin général aux ateliers, à proportion des demandes qui en seront faites en la forme prescrite au *titre IV* de la présente Ordonnance.

137.

Fera préparer tous les Effets de l'Artillerie nécessaires pour l'armement du Vaisseau en construction.

Le commandant donnera pareillement ses ordres au directeur général, pour que celui-ci fasse préparer par le directeur de l'artillerie, les canons, affûts, armes et ustensiles dépendants du détail de l'artillerie, qui seront nécessaires pour l'armement du vaisseau en construction; et il en sera usé à l'égard desdits effets à préparer, ainsi qu'il est prescrit par le précédent article, pour les agrès et apparaux.

138.

Fera fournir à l'Intendant les Gabarres, Chalans, etc. et les escouades de Journaliers.

Sur les demandes qui lui en seront faites par écrit, par l'intendant, il fera disposer les gabarres, chalans et autres bâtiments qui seront nécessaires pour les approvisionnements; et il lui fera fournir jour-

TITRE VI. nellement le nombre de journaliers qu'il demandera, pour le transport des effets et munitions de l'arsenal.

139.

Visitera les Vaisseaux à armer.

Sa Majesté ayant envoyé ses ordres au commandant, pour les vaisseaux ou autres bâtiments qu'elle voudra faire armer dans le port, il en fera lui-même la visite, dans laquelle il se fera accompagner par le capitaine nommé pour commander chaque vaisseau, et les officiers de son état-major, par le directeur général, le directeur des constructions et l'ingénieur-constructeur en chef, pour constater par un procès-verbal de visite, si le vaisseau est en état de faire campagne, ou quel radoub il sera nécessaire d'y faire : ils en dresseront un état qui sera signé de tous les officiers qui auront assisté à la visite, et de l'ingénieur-constructeur en chef, et envoyé par le commandant, qui le visera, au secrétaire d'état ayant le département de la marine; et il en sera remis un double à l'intendant.

140.

Ordonnera sur-le-champ le radoub, s'il n'est pas considérable.

Si le radoub n'est pas considérable, le commandant en ordonnera aussitôt l'exécution, et tiendra la main à ce que le capitaine qui doit monter le vaisseau, et tous les officiers de son état-major, veillent exactement à la solidité du radoub et à l'accélération de l'ouvrage.

141.

Dans le cas où un Vaisseau ne serait pas en état de servir, ordonnera qu'il en soit préparé un autre.

Mais s'il est reconnu par la visite, que quelqu'un des vaisseaux nommés pour être armés ait besoin d'un radoub trop considérable, et de manière que la diligence que Sa Majesté ordonnera en puisse être retardée, le commandant en donnera avis au secrétaire d'état ayant le département de la marine, pour recevoir de nouveaux ordres; et cependant il ordonnera qu'il soit préparé sans délai, celui des vaisseaux du même rang, et à défaut de ceux-ci celui du rang le plus approchant au-dessus, qui pourra le plus tôt être mis en état de servir.

142.

Fera travailler sans délai à tous les emménagements.

Si les chambres, les cloisons, les soutes et les autres distributions intérieures du vaisseau ne sont point faites, il ordonnera qu'il y soit travaillé le plus promptement qu'il se pourra; à l'effet de quoi, il fera faire par le directeur des constructions et l'ingénieur-constructeur en chef, sous l'inspection du directeur général, un état détaillé de tout ce qui restera à faire au vaisseau, ainsi que des matières et des ouvriers nécessaires pour achever l'ouvrage : cet état, revêtu des formes prescrites, sera remis à l'intendant; et les demandes des matières ou effets, seront faites à proportion de l'avancement du travail, ainsi qu'il a été expliqué au *titre IV* de la présente Ordonnance.

143.

Tiendra la main à ce qu'il ne soit rien changé aux emménagements.

Défend Sa Majesté aux commandants de ses vaisseaux et autres bâtiments, de rien ajouter ou diminuer, sous quelque prétexte que ce soit, à ce qui aura été réglé par les plans et devis du vaisseau, examinés et approuvés par le conseil de marine, pour tout ce qui concerne les emménagements, chambres et cloisons; ni de rien changer aux soutes du fond de cale, d'élever aucune teugue sur les dunettes, et de faire diminuer la longueur ou grosseur des mâts et vergues, à peine d'interdiction : et si pendant la campagne lesdits officiers-commandants se permettaient de faire quelque changement auxdits emménagements, ou quelque retranchement à la mâture, toutes choses seront rétablies dans leur premier état, aux frais desdits officiers, après le désarmement; à moins qu'ils ne justifiassent, dans le conseil de marine qui serait tenu à cet effet, de la nécessité absolue des changements ou retranchements qu'ils auraient faits. Enjoint Sa Majesté au commandant de tenir sévérement la main à l'exécution du présent article, à peine de répondre des contraventions en son propre et privé nom.

144.

Fera la visite des Magasins particuliers des Vaisseaux qui devront être armés, et fera dresser un État de ce qui manquera pour le complet de l'Equipement.

Le commandant fera lui-même la visite du magasin particulier de chaque vaisseau qui devra être armé; et sera accompagné par le directeur général, le directeur de port, et le capitaine nommé pour commander le bâtiment : à l'effet de quoi, il lui sera remis un état, signé du garde-magasin et visé du commissaire du magasin général, de tous les agrès, apparaux et effets quelconques qui devront exister dans chaque magasin particulier des vaisseaux en armement; lequel état sera vérifié dans les magasins : et ledit commandant fera dresser par le directeur de port, un second état, contenant tout ce qui

TITRE VI.

manquera pour compléter l'équipement du vaisseau; dans lequel état seront compris les fûtailles, ancres et autres effets qui, ne faisant pas partie du magasin particulier, doivent être également portés sur l'inventaire d'armement; en observant de se conformer, pour les qualité et quantité de chaque effet, aux réglements arrêtés par Sa Majesté: ledit état signé du directeur de port, approuvé du directeur général et visé du commandant, sera remis à l'intendant, qui ordonnera la délivrance desdits effets ou des matières nécessaires pour les fabriquer, à proportion du progrès des armements et des demandes qui en seront faites par écrit en la forme prescrite au *titre IV*, et jusqu'à concurrence des quantités portées par ledit état.

145.

Fera faire un État de tous les effets d'Artillerie nécessaires pour l'Armement du Vaisseau.

Le commandant fera faire par le directeur de l'artillerie, un état des canons, armes, ustensiles et munitions de guerre nécessaires pour l'armement de chaque vaisseau, conformément aux réglements arrêtés par Sa Majesté: ledit état, signé du directeur de l'artillerie, approuvé du directeur général et visé du commandant, sera remis à l'intendant, qui ordonnera la délivrance desdits effets, à proportion des demandes qui en seront faites en la forme prescrite, et jusqu'à concurrence des quantités portées par ledit état.

146.

Veillera à ce que les Officiers qui doivent assister à la Carène y soient assidus.

Ledit commandant veillera à ce que les directeurs des constructions et du port, et les officiers et ingénieurs-constructeurs sous leurs ordres, ainsi que les officiers destinés à embarquer sur le vaisseau, assistent régulièrement à la carène, en suivent le travail, et donnent tous leurs soins, chacun dans le détail dont il est chargé, à la solidité et à l'accélération de l'ouvrage.

147.

Concertera, avec l'Intendant, l'époque des levées.

Il concertera avec l'intendant l'époque où les levées des officiers-mariniers et matelots devront arriver; et l'intendant seul sera chargé de les ordonner et de l'opération de les réunir.

148.

Veillera à faire accélérer l'Armement, et que les Vaisseaux

Il veillera à ce que les officiers, par leur assiduité, fassent accélérer l'armement; qu'il en couche un à bord dès que l'arrimage du bâtiment sera commencé; que les vaisseaux soient munis des provisions de guerre et de bouche nécessaires, et que rien n'en retarde l'expédition.

soient munis de ce qui leur est nécessaire.

149.

Donnera avis à l'Intendant, des Vaisseaux qui iront en rade, et de ceux qui rentreront dans le Port.

Il fixera le jour où un vaisseau armé devra être mis en rade, et il en donnera avis par écrit à l'intendant: il en usera de même pour les vaisseaux qui devront rentrer dans le port.

150.

Se concertera avec l'Intendant, pour les Bâtiments de transport à fréter à la suite des Armées.

Dans le cas où il serait nécessaire de fréter inopinément des bâtiments particuliers pour la suite de l'armée, ou pour le transport de quelques munitions ou approvisionnements à envoyer dans les colonies, le commandant se concertera avec l'intendant, pour le fret desdits bâtiments, et il ordonnera les visites nécessaires pour s'assurer que ceux qui, par leur capacité, auront paru les plus propres à remplir ce service, sont en bon état; il nommera au commandement un maître-d'équipage, un maître-pilote, ou même un officier, suivant la conséquence de l'objet: et lesdits commandant et intendant rendront compte dudit armement, chacun de leur côté, au secrétaire d'état ayant le département de la marine.

151.

Assignera les postes que les Vaisseaux en désarmement devront occuper.

Lorsque les vaisseaux venant de la mer, devront être désarmés et rentreront dans le port, le commandant assignera les postes qu'ils devront y occuper pendant leur désarmement; et ils y seront placés par le directeur de port, sous l'inspection du directeur général.

152.

Veillera à faire accélérer les désarmements.

Lorsque les vaisseaux seront amarrés, il veillera à ce que les capitaines qui les commanderont fassent travailler avec diligence à leur désarmement, à ce que les officiers en fassent accélérer le travail, par leur présence et leur assiduité à bord, et qu'il y couche toujours un officier de l'état-major, jusqu'à ce que le vaisseau soit entièrement désarmé.

153.

Donnera ses ordres pour que les pontons,

Il donnera ses ordres au directeur général, pour qu'il soit fourni par le directeur de port tous les secours de pontons, chalans,

TITRE VI.

chalans, etc. soient fournis aux Vaisseaux qui désarment.

chaloupes et autres bâtiments nécessaires au débarquement et transport des munitions pour l'accélération du désarmement.

154.

Fera faire la visite des agrès et apparaux du Vaisseau désarmé.

Il fera faire par le maître-d'équipage, le maître-mâteur, le maître-canonnier, le maître-voilier, le maître-armurier, le maître-tonnelier du port, et les maîtres du vaisseau, chacun pour sa partie, en présence des directeurs des trois détails, de l'ingénieur-constructeur en chef, et des capitaine et officiers du vaisseau, chacun pour les objets qui les concernent, des visites exactes de la mâture, des chaloupes et canots, des fûtailles, des ancres, des voiles, agrès, apparaux, effets et ustensiles, et des canons, armes et munitions de guerre; auxquelles visites assisteront le commissaire du magasin général, le garde-magasin et le contrôleur. Chaque directeur, pour sa partie, constatera, en suivant l'inventaire d'armement, les choses en état de servir, celles qui auront besoin de réparation, et celles qui seront absolument hors de service; et il en dressera des états séparés, lesquels signés de lui, du capitaine et des officiers du vaisseau, du commissaire du magasin général et du garde-magasin, seront certifiés par le contrôleur: il sera remis au commandant, par chaque directeur, un double desdits états visé du directeur général; et le commissaire du magasin général en remettra un double à l'intendant.

155.

Fera dresser des États de ce qui sera à réparer ou à remplacer.

D'après cette visite, le commandant donnera ses ordres au directeur général, pour que chaque directeur particulier dresse un état des effets dépendants de son détail, qui seront à réparer, ou à remplacer dans le magasin particulier du vaisseau; afin que lesdits états, signés des directeurs, approuvés du directeur général et visés du commandant, soient remis à l'intendant qui pourvoira aux remplacements, et ordonnera la délivrance des effets qu'il faudra ajouter au magasin particulier du vaisseau, lequel doit toujours être complet et en état, ou celle des matières nécessaires pour la fabrication desdits effets, au cas que le magasin général n'en soit pas pourvu; lesquels effets et matières seront délivrés à proportion des demandes qui en seront faites audit magasin, en la forme prescrite au *titre IV.*

TITRE VI.

156.

Ordonnera que toutes choses soient rapportées dans les Magasins.

Le commandant donnera ses ordres pour que toutes choses provenant des vaisseaux désarmés, soient rapportées dans les magasins, et y soient placées dans le meilleur ordre, par les gens de l'équipage, sous la conduite des officiers de l'état-major de chaque bâtiment, et sous l'inspection du directeur de port.

157.

Ordonnera que le Vaisseau désarmé soit remis au Directeur de Port.

Le désarmement étant entièrement achevé, et l'équipage congédié, le commandant donnera ses ordres au capitaine qui aura commandé le vaisseau, pour qu'il le remette au directeur de port, qui jusqu'alors ne doit être chargé que de la sûreté de son amarrage.

158.

Empêchera qu'il ne soit démonté aucune cloison ni chambre.

Ledit commandant empêchera qu'il ne soit démonté aucune cloison ni chambre des vaisseaux désarmés, si ce n'est pour les réparer, ou s'il n'est décidé, dans la visite prescrite par l'article suivant, d'en abattre quelqu'une pour la plus libre circulation de l'air, ou pour visiter avec plus de facilité les parties intérieures du vaisseau; auquel cas lesdites cloisons seront démontées sans les briser, et conservées pour le réarmement du vaisseau. Il ordonnera qu'il soit fait par le directeur de port, en présence du commissaire du magasin général, du garde-magasin et du contrôleur, un inventaire de tous les emménagements et logements subsistants, et des serrures, ainsi que des agrès, mâtures et autres effets restant à bord, lesquels demeureront à la charge et garde dudit directeur; et il fera vérifier sur l'inventaire d'armement, s'il n'a rien été changé auxdits emménagements, soutes et cloisons, et aux dispositions établies et constatées lors de l'armement.

159.

Fera faire la visite du Vaisseau, et un devis des réparations à y faire.

Après le désarmement, il ordonnera une visite exacte du dedans et du dehors du vaisseau, et fera vérifier le devis qui en aura été remis par l'officier qui l'aura commandé; laquelle visite sera faite par le directeur général, le directeur des constructions, l'officier commandant, celui qui était chargé du détail, et l'ingénieur-constructeur en chef, pour constater le radoub qu'il conviendra de faire

TITRE VI.

au vaisseau : et après que la nécessité du radoub aura été reconnue dans le conseil de marine, et que le devis dudit radoub y aura été examiné, le commandant ordonnera qu'il y soit incessamment travaillé, à moins que ledit radoub ne fût considérable ; auquel cas ledit devis et l'avis du conseil seront envoyés par le commandant au secrétaire d'état ayant le département de la marine, pour qu'il en soit rendu compte à Sa Majesté.

160.

Ordonnera les ouvrages nécessaires pour remplacer les agrès.

Il ordonnera sans délai tous les ouvrages nécessaires pour remplacer les agrès, apparaux et ustensiles qui auront été consommés pendant la campagne, ou jugés hors de service lors de la visite, et compléter le magasin particulier du vaisseau.

161.

Fera examiner les consommations dans le Conseil de Marine.

Au retour de chaque campagne, il fera examiner dans le conseil de marine, les consommations qui auront été faites pendant la campagne, et veillera à ce que l'officier qui aura commandé le vaisseau, celui qui était chargé du détail et les maîtres, ne soient payés de leurs appointements et solde, qu'après que lesdites consommations auront été approuvées par le conseil, conformément à ce qui sera prescrit par la présente ordonnance, au *titre XVIII du conseil de marine permanent.*

162.

Il se conformera au surplus, relativement aux fonctions qui lui sont attribuées par la présente Ordonnance, à tout ce qui était prescrit, pour les mêmes fonctions, par l'ordonnance du 25 mars 1765, *concernant la marine*, en ce qui n'est pas contraire à la présente, et pour les cas qui n'y ont pas été prévus.

# TITRE VII.

## *De l'Intendant.*

163.

Ordonnera de la finance et des approvisionnements.

L'INTENDANT départi dans un port et arsenal de marine, ordonnera de la finance et de tout ce qui concerne les approvisionnements et la comptabilité.

164.

Lieux où il exercera la Justice, et ordonnera de la Police.

Il exercera la justice et ordonnera de la police dans les magasins et les bureaux des commissaires, et dans l'enceinte des hôpitaux, des bagnes et salles de force destinées pour les chiourmes; il connaîtra de tous les vols commis dans l'enceinte de l'arsenal, et l'instruction du procès en sera faite par le prévôt de la marine.

165.

Aura séance aux Conseils de guerre tenus pour crimes commis dans l'Arsenal.

Il aura séance avec voix délibérative à tous les conseils de guerre qui seront tenus, pour juger les crimes et délits commis dans l'enceinte de l'arsenal, et siégera après le président et les lieutenants généraux.

166.

Séance au Conseil de Marine.

Il prendra pareillement séance après le président et les lieutenants généraux, et aura voix délibérative au conseil de marine.

167.

Tous les approvisionnements, recettes et dépenses seront de son ressort

Les recettes des deniers, l'acquittement des dépenses, les revues des officiers et de tous entretenus dans le port, le paiement des appointements et solde, la levée et la paie des ouvriers, les marchés et adjudications, les approvisionnements, les vivres, la levée des équipages, leur répartition dans les vaisseaux, et tout ce qui est relatif à ces objets, seront en entier du ressort de l'intendant, qui en rendra compte au secrétaire d'état ayant le département de la marine.

TITRE VII.

168.

Tiendra la main à ce que ceux qui sont sous sa charge, fassent leur devoir.

Il tiendra la main à ce que les commissaires, contrôleur, garde-magasins, ingénieurs de la marine pour les bâtiments civils, et tous autres qui sont sous sa charge, fassent leur devoir, chacun en ce qui regarde ses fonctions; et si quelqu'un manque à l'exécution des ordres qu'il aura reçus, concernant le service de Sa Majesté, il pourra l'interdire.

169.

Nommera aux places de Gardiens des Magasins, de Bureaux, etc.

Il aura à sa nomination les places de gardiens des bureaux des commissaires, de gardiens des magasins, chantiers et ateliers, hôpitaux, bagnes et bâtiments civils, et les places de suisses et consignes des portes de l'arsenal; et il fera choix desdits gardiens, par préférence, dans les invalides de la marine, matelots ou soldats, autant qu'ils seront en état de remplir les fonctions auxquelles ils seront destinés.

170.

Donnera ses ordres tous les jours a une heure fixe.

Il donnera tous les jours, à une heure fixe, ses ordres sur les parties du service qui lui sont confiées. Le commissaire général, les commissaires ordinaires et le contrôleur s'y trouveront, pour lui rendre compte des choses dont ils sont chargés.

171.

Fera exactement les Revues des Officiers de la Marine et autres, de tous Entretenus, des Troupes, etc.

Il fera ou fera faire par un des commissaires sous ses ordres, la revue des officiers de marine, officiers de port, ingénieurs-constructeurs, et tous officiers-mariniers ou autres entretenus, ainsi que celle des compagnies des gardes du pavillon et de la marine, lorsqu'il le jugera à propos, sans que le commandant puisse s'y opposer: il l'en préviendra seulemeut la veille, afin qu'il donne ordre au major de faire avertir les officiers et autres pour le lendemain; et ceux qui ne s'y trouveront pas, seront privés d'un mois entier de leurs appointements, avec plus grande peine, s'il y échet; lui défend Sa Majesté d'en employer aucun dans les extraits qu'il enverra à la fin de chaque mois au secrétaire d'état ayant le département de la marine, s'il n'y a été effectivement présent. Il fera pareillement faire, quand il le jugera à propos, par le commissaire préposé aux revues, celles des troupes de la division du corps-royal d'infanterie de la marine, des bombardiers et des apprentis-canonniers, dont il sera pareillement envoyé des extraits.

172.

Fera faire les Revues des Équipages au départ et à l'arrivée des Vaisseaux.

Il fera faire les revues des équipages, au départ et à l'arrivée des vaisseaux, par le commissaire départi au bureau des armements et vivres; et s'en fera remettre des extraits, qu'il enverra au secrétaire d'état ayant le département de la marine.

173.

Ordonnera les approvisionnements des matières, et la levée des Ouvriers et Matelots nécessaires pour les travaux et les Armements.

Lorsque Sa Majesté aura ordonné des constructions, radoubs, armements ou autres travaux et opérations dans le port, et que le commandant aura fait remettre à l'intendant l'état des matières et du nombre d'ouvriers demandés pour l'exécution des ouvrages, ou celui des officiers-mariniers et matelots nécessaires pour former les équipages des vaisseaux; ledit intendant donnera ses ordres pour l'approvisionnement des matières et des vivres, et la levée des ouvriers, journaliers, officiers-mariniers et matelots; et en ordonnera la distribution, ainsi que celle des escouades de forçats, à proportion des travaux et armements, et des demandes qui en seront faites en la forme prescrite au *titre IV* de la présente Ordonnance.

174.

Remettra les Matelots non distribués sur les Vaisseaux, à la disposition du Directeur de Port.

Les officiers-mariniers et matelots de levée ne devant être envoyés à bord des vaisseaux qu'à proportion des progrès de l'armement, l'intendant remettra ceux qui ne seront point encore distribués à la disposition du directeur de port, pour être employés en qualité de journaliers aux différents mouvements du port, jusqu'à ce qu'ils soient destinés sur les vaisseaux; il fera veiller à ce que les appels en soient faits par les commis aux appels, ainsi qu'il est prescrit pour les autres gens employés dans le port.

175.

Réglera de concert avec le Commandant la paie des Ouvriers.

Il réglera de concert avec le commandant, d'après les rapports qui lui seront faits par le commissaire départi au bureau des chantiers et ateliers, la paie des maîtres d'ouvrages, chefs d'ateliers et ouvriers employés à la journée dans les ateliers et chantiers de l'arsenal, et à tous travaux du port, et les augmentations dont ils seront jugés sus-

TITRE VII. ceptibles, ou les diminutions que leur négligence aura méritées; il se conformera au surplus à ce qui est prescrit sur cet objet à l'*art.* 119.

176.

Veillera à ce que l'emploi des matières soit exactement suivi.

Il veillera à ce que le commissaire des chantiers et ateliers, et les commis sous ses ordres, suivent avec la plus grande attention l'emploi des matières qui auront été délivrées aux divers chantiers ou ateliers, pour y être travaillées ou converties, afin que tout soit effectivement et fidèlement employé par les ouvriers.

177.

Fera souvent la visite des Magasins.

Il fera le plus souvent qu'il le pourra par lui-même, et fera faire par le commissaire général et le commissaire départi au magasin général, la visite dudit magasin, des magasins particuliers des vaisseaux et de ceux de l'artillerie; il donnera ses ordres pour que les magasins soient ouverts à la demande du commandant et des directeurs, toutes les fois qu'ils s'y présenteront pour en faire la visite, à laquelle le garde-magasin sera présent par lui ou l'un de ses commis.

178.

Enverra un Etat des approvisionnements nécessaires pour l'année suivante.

L'intendant dressera au commencement du mois de septembre de chaque année, un état apprécié des marchandises et munitions nécessaires au service du port et des vaisseaux, dont on devra s'approvisionner l'année suivante, et où seront pareillement projetées les dépenses et journées d'ouvriers et autres quelconques, relativement aux travaux qui devront être exécutés, et dont l'état arrêté par Sa Majesté, sera adressé en commun au commandant et à l'intendant, par le secrétaire d'état ayant le département de la marine. L'état apprécié desdites marchandises et munitions, sera examiné par le conseil de marine, conformément à ce qui sera prescrit au *titre XVIII, du conseil de marine permanent;* et ledit état et l'avis du conseil seront envoyés au secrétaire d'état de la marine par ledit intendant qui pourvoira auxdits approvisionnements, conformément aux ordres qui lui seront adressés, et aux états de fonds expédiés par Sa Majesté, dont il lui sera donné connaissance.

179.

Il fera, en présence du Conseil de Marine,

Les marchés et adjudications de tous les ouvrages et approvisionnements, et tous les traités pour fournitures quelconques, au-dessus de la somme de quatre cents livres, seront faits et arrêtés par l'intendant, en présence du conseil de marine, dont les membres signeront lesdits marchés, adjudications ou traités, conformément à ce qui sera prescrit par la présente Ordonnance au *titre XVIII, du conseil de marine permanent.*

tous marchés et adjudications.

180.

Communiquera au Commandant, l'Etat de situation du Trésor, et aura connaissance des travaux ordonnés.

Il sera donné connaissance tous les mois à l'intendant, des travaux qui devront être exécutés pendant le mois, par les états que le commandant lui en fera remettre visés de lui; et ledit intendant donnera pareillement connaissance par écrit audit commandant, des fonds qui auront été destinés pour les travaux, afin qu'ils puissent combiner ensemble leurs opérations réciproques, dans la proportion des fonds disponibles et assignés pour chaque objet.

181.

Demandera, par écrit, au Commandant, les Gabares et autres Bâtiments dont il pourra avoir besoin pour le transport des Effets.

Lorsque l'intendant aura besoin des gabares ou autres bâtiments du port, pour le transport des approvisionnements, ou pour quelque autre service, il en fera la demande par écrit au commandant qui donnera ses ordres au directeur général, pour que lesdits bâtiments soient carénés, gréés et équipés; et l'intendant pourvoira à l'équipage et aux vivres de ces bâtiments dont le commandement sera donné à des officiers ou à des officiers-mariniers, qui seront choisis par le commandant, lorsqu'il n'y aura pas été pourvu par Sa Majesté.

182.

Fera la demande des Journaliers dont il aura besoin pour le transport des Effets.

L'intendant fera pareillement la demande par écrit au commandant, des escouades de journaliers dont il aura besoin pour le transport des divers effets, et lesdites escouades seront prises sur le nombre de celles qui seront affectées au service journalier de l'arsenal, sous les ordres du directeur de port.

183.

Ordonnera de la disposition et arrangement des Effets dans les Magasins, et veillera à leur conservation.

Les marchandises et munitions étant reçues, l'intendant veillera à leur conservation, et ordonnera de leur disposition et arrangement, en sorte que tous les effets soient tenus en bon ordre. Entend néanmoins Sa Majesté, que le directeur des constructions, et les ingénieurs-constructeurs, sous ses ordres, prescriront l'ordre et l'arran-

TITRE VII.

gement suivant lequel devront être placés les bois de construction et les mâtures de pièce d'assemblage qui seront déposés sous les hangars, ainsi que les mâts d'une seule pièce, mâts bruts ou autres bois qui pourront être mis dans l'eau; que le directeur de port prescrira pareillement l'arrangement des agrès, apparaux, et autres effets et ustensiles qui seront rassemblés dans les magasins particuliers des vaisseaux, ainsi que des cordages et voiles déposés dans d'autres magasins; et que le directeur de l'artillerie prescrira l'arrangement des effets dépendants de son détail.

184.

La distribution s'en fera par ses ordres.

La distribution des munitions, marchandises, vivres et effets quelconques, appartenants à Sa Majesté, se fera par les ordres de l'intendant, dans tous les lieux où ils devront être employés pour les constructions, radoubs, armements et expéditions des vaisseaux.

185.

Fera faire chaque année un recensement des Effets.

Il fera à la fin de chaque année, un recensement général de toutes les marchandises, munitions de guerre ou de bouche et ustensiles qui seront dans l'arsenal, duquel il enverra copie au secrétaire d'état ayant le département de la marine, et dont il fera remettre au commandant un double qu'il aura visé.

186.

Enverra tous les mois l'extrait des matières employées, et le nombre des Ouvriers.

Il enverra tous les mois un extrait des matières qui auront été livrées des magasins pour être travaillées ou converties dans les chantiers ou ateliers, des ouvrages fabriqués qui auront été livrés aux magasins, et de la quantité d'ouvriers, par espèces, qui auront été employés dans l'arsenal.

187.

Fera délivrer les matières nécessaires pour le gréement et l'équipement du Vaisseau en construction et en armement.

Lorsqu'une construction aura été ordonnée, et que le commandant aura fait remettre à l'intendant les états visés de lui, des matières et munitions nécessaires pour la construction, le gréement et l'équipement du vaisseau, ledit intendant renverra lesdits états, avec son ordre au bas, au commissaire du magasin général, pour que celui-ci fasse délivrer aux chantiers et ateliers, les matières ou effets portés par lesdits états, à proportion des demandes qui en seront faites en la forme prescrite au *titre IV* de la présente ordonnance; et il veillera à ce que tout puisse être prêt et rassemblé dans le magasin particulier du vaisseau, aussitôt que le bâtiment sera achevé d'être construit. Il en usera de même lorsque Sa Majesté aura ordonné des armements dans le port, ou qu'il s'agira de refontes ou radoubs, et il aura soin que, dans la partie qui le concerne, rien ne s'oppose à la prompte exécution des ouvrages, et à la célérité des armements.

188.

Fera tenir les Registres en règle.

Il prendra garde que les registres des magasins, ceux du bureau des vivres et ceux du contrôle, soient bien et fidèlement tenus; à l'effet de quoi, il les cotera et paraphera : et il arrêtera à la fin de chaque semaine, ceux du magasin général, tous les mois ceux des vivres, et tous les ans la balance des recettes et consommations du magasin général, afin de faire observer le bon ordre dans chaque partie, et éviter toutes sortes d'abus.

189.

Enverra tous les mois un Bordereau des dépenses.

Il enverra, au commencement de chaque mois, au secrétaire d'état ayant le département de la marine, un bordereau par colonnes, qui indiquera chaque nature des dépenses qui auront été faites pendant le mois précédent, et dans lequel seront rappelées celles des mois antérieurs de la même année, les paiements faits à-compte, et les restants à payer sur icelles. Les fonds reçus et l'objet des recettes extraordinaires seront aussi portés sur le même état.

190.

Enverra tous les ans l'État de situation des fonds remis et des dépenses.

Il fera connaître au commencement de chaque année, par un état de situation, les fonds qui auront été remis et les dépenses qui auront été faites pendant l'année précédente, avec le produit général des recettes extraordinaires et des quatre deniers pour livre.

191.

Arrêtera les comptes du Trésorier et du Munitionnaire.

Il arrêtera les comptes du trésorier et du munitionnaire général de la marine, et signera tous marchés d'achats et de fournitures des marchandises, et de convertissement.

192.

Enverra tous les mois

Il se fera remettre, au commencement de chaque mois, par le

TITRE VII.

l'inventaire du Magasin général.

commissaire du magasin général, un état en forme d'inventaire, contenant cinq colonnes, dont la première indiquera ce qui restait à la fin du mois précédent, en marchandises et munitions, distinguées par espèces, poids et mesures; la deuxième, ce qui aura été reçu dans le mois; la troisième présentera le montant des deux premières colonnes; la quatrième, ce qui aura été délivré pendant le même mois; la cinquième, ce qui restera à la fin dudit mois : et ledit inventaire signé du garde-magasin, visé du commissaire du magasin général et vérifié par le contrôleur, sera envoyé tous les mois, au secrétaire d'état ayant le département de la marine, par l'intendant qui le visera, en fera déposer au contrôle une copie également visée de lui, et en fera remettre une pareille au commandant.

193.

Enverra l'Etat des Vivres.

Il fera connaître aussi tous les mois, par un état particulier, les vivres restants dans les magasins du munitionnaire; et il fera remettre au commandant, un double dudit état qu'il aura visé.

194.

Ordonnera des dépenses et ouvrages des Bâtiments civils.

Il continuera d'ordonner des dépenses, ouvrages et réparations des quais, cales, formes, batteries du port et de la rade, et bâtiments civils appartenants au roi : entend toutefois Sa Majesté, que les plans et devis appréciés desdits ouvrages, qui auront été dressés en conséquence de ses ordres, par l'ingénieur de la marine en chef dans cette partie, soient examinés au conseil de marine qui donnera son avis sur iceux, conformément à ce qui sera prescrit par la présente ordonnance au *titre XVIII, du conseil de marine permanent.*

195.

Il se conformera au surplus, relativement aux fonctions qui lui sont conservées par la présente ordonnance, à tout ce qui était prescrit pour les mêmes fonctions, par l'ordonnance du 25 mars 1765, *concernant la marine*, en tout ce à quoi il n'a pas été dérogé, et pour les cas qui n'ont pas été prévus.

# TITRE VIII.

## *Du Directeur général de l'Arsenal.*

196.

Le directeur général de l'arsenal sera chargé, sous l'autorité du commandant, d'inspecter tous les travaux, mouvements et opérations du port; de voir si le travail des chantiers se fait avec ordre et économie, si chaque directeur dans son détail remplit exactement les fonctions qui lui sont ordonnées; si tous les registres qui doivent être tenus sont en règle et à jour; si les officiers et ingénieurs-constructeurs sont assidus dans l'arsenal aux détails dont la direction leur est confiée, ou à la suite desquels ils sont employés; si la discipline est observée; si les ouvriers sont suivis et surveillés dans l'emploi de leur temps et des matières qui leur sont livrées pour être mises en œuvre, et dans la manière dont ils exécutent les ouvrages ordonnés; enfin si chaque individu dans sa partie, s'occupe avec zèle, assiduité et exactitude de tout ce qui peut concourir au bien général du service de Sa Majesté. Ses Fonctions.

197.

Il rendra compte de tout au commandant, et prendra ses ordres sur tout ce qui concerne les détails de l'arsenal, et en son absence aura les mêmes pouvoirs et fonctions, jusqu'à ce qu'il en ait été autrement ordonné par Sa Majesté. Rendra compte de tout au Commandant, et le suppléera.

198.

Il prendra séance à tous les conseils de guerre tenus pour juger les crimes et délits commis dans l'enceinte de l'arsenal, ainsi qu'au conseil de marine, et y aura voix délibérative. Aura séance au Conseil de guerre tenu pour crimes commis dans l'Arsenal, et au Conseil de Marine.

199.

Il se conformera au surplus, soit pour ses fonctions personnelles, soit pour l'inspection qu'il doit avoir sur celles des officiers, ingénieurs-constructeurs, et autres sous ses ordres, à tout ce qui est

8

prescrit par la présente Ordonnance, au *titre IV, de la direction des travaux et ouvrages, etc.*, et aux instructions particulières qui lui seront données par le commandant.

## TITRE IX.

### *Du Commissaire général.*

200.

Ses Fonctions. LE commissaire général des ports et arsenaux de marine sera chargé, sous l'autorité de l'intendant, d'inspecter le travail des cinq bureaux des commissaires, de voir si tous les comptes, registres et états sont bien tenus et à jour, et si tous les préposés à la garde des magasins, des chantiers et ateliers, ou employés dans les hôpitaux et bagnes, remplissent avec assiduité et exactitude les fonctions qui leur sont ordonnées.

201.

Inspectera particulièrement le Magasin général. Il sera chargé particulièrement d'inspecter le magasin général et toutes les opérations de comptabilité qui y ont rapport.

202.

Rendra compte de tout à l'Intendant, et le suppléera. Il rendra compte de tout à l'intendant, en l'absence duquel il aura les mêmes pouvoirs et fonctions.

203.

Aura séance au Conseil de Marine. Il aura séance et voix délibérative au conseil de marine.

## TITRE X.

### *Du Directeur des Constructions.*

204.

Sur qui il aura inspection. LE directeur des constructions aura inspection sur les contre-maîtres de construction, maîtres mâteurs, charpentiers, calfats, perceurs, forgerons, menuisiers, sculpteurs, peintres, et sur tous les maîtres d'ouvrages, ouvriers et journaliers employés dans les chantiers et ateliers dépendants du détail des constructions, conformément à ce qui est prescrit aux *titres I et II de la présente Ordonnance.*

205.

Rendra compte, chaque jour, au Directeur général.

Il rendra compte, chaque jour, au directeur général, de tout ce qui concerne le détail qui lui est confié.

206.

Fera souvent la visite des Vaisseaux.

Il fera très-souvent, et fera faire par les officiers et ingénieurs-constructeurs attachés à son détail, la visite des vaisseaux et autres bâtiments désarmés dans le port, des machines à leur usage, et des mâtures, chaloupes et canots desdits bâtiments.

207.

Fera de fréquentes tournées aux Chantiers et Ateliers de son Détail.

Il fera de fréquentes tournées pendant les heures du travail, aux chantiers et dans les ateliers dépendants de sa direction, pour s'assurer de l'exécution des ordres qu'il aura donnés, et voir si les travaux et les ouvriers sont dirigés, suivis et surveillés avec assiduité et exactitude, par les officiers et ingénieurs-constructeurs.

208.

Remettra tous les mois, au Directeur général, un État de situation du corps des Vaisseaux.

Il remettra tous les mois au directeur général, un état de la situation du corps des vaisseaux et de tous autres bâtiments flottants, ainsi que de leurs mâts, vergues, hunes, chaloupes et canots, dans lequel seront énoncées les réparations à faire auxdits vaisseaux et à leurs mâtures et bâtiments à rames: lequel état signé de l'ingénieur-constructeur chargé de l'entretien du vaisseau, et des officiers qui auront assisté à la visite, certifié du directeur des constructions et de l'ingénieur-constructeur en chef, sera visé du directeur général, qui le remettra au commandant, pour être par celui-ci envoyé au secrétaire d'état ayant le département de la marine.

209.

Examinera et vérifiera les plans et devis des Vaisseaux.

Lorsque Sa Majesté aura ordonné quelque construction, et que le commandant en aura fait passer l'ordre au directeur général, le directeur des constructions fera dresser par l'ingénieur-constructeur

TITRE X.

que Sa Majesté aura agréé pour ladite construction, le plan du vaisseau ou autre bâtiment, lequel sera double, parfaitement semblable, et accompagné des calculs, ainsi que de deux devis, l'un des bois et des fers nécessaires pour son exécution, avec leurs dimensions et les proportions de la mâture; et l'autre de la disposition des logements. Le directeur des constructions et l'ingénieur-constructeur en chef, examineront, vérifieront et approuveront conjointement lesdits plans et devis, lesquels seront visés du directeur général, et par lui remis au commandant, pour être examinés au conseil de marine.

210.

Fera faire l'état des matières et des Ouvriers nécessaires pour l'exécution.

Les plans et devis ayant été approuvés par Sa Majesté, le directeur des constructions fera faire l'état général des matières et du nombre d'ouvriers nécessaires pour l'exécution, conformément aux ordres qu'il aura reçus du directeur général; et il en sera usé au surplus ainsi qu'il est prescrit aux *titres IV* et *VI* de la présente Ordonnance.

211.

Fera tracer les Gabarits.

Il chargera l'ingénieur-constructeur à qui l'exécution du vaisseau aura été confiée, d'en tracer les gabarits, sous son inspection et celle de l'ingénieur-constructeur en chef; il nommera un sous-ingénieur-constructeur pour aider le premier dans cette opération, et suivre sous lui tout le travail de la construction; et il veillera à ce que les gardes du pavillon ou de la marine, sous ses ordres, et les élèves-constructeurs, y soient toujours présents, pour leur instruction.

212.

Veillera à ce qu'il ne soit fait aucun changement dans l'exécution du plan.

Il donnera toute son attention et fera veiller soigneusement par l'ingénieur-constructeur en chef, et les officiers qu'il aura chargés d'inspecter la construction du bâtiment, à ce que le plan approuvé soit exécuté avec la plus grande exactitude par l'ingénieur-constructeur qui n'y pourra rien changer, sous quelque prétexte que ce soit, à peine d'interdiction.

213.

Veillera à l'économie des bois, et s'assurera

Il tiendra sévèrement la main, ainsi que l'ingénieur-constructeur en chef, à ce que l'ingénieur chargé d'une construction, ménage le de leur qualité, ainsi que de celle des fers.

bois avec la plus grande économie, en faisant servir utilement, et suivant leurs contours, les pièces qui auront été apportées sur le chantier. Ils s'assureront que tous les bois qu'on emploie sont de bonne qualité : ils prendront garde qu'on ne dégrade des pièces d'un fort échantillon pour les réduire à des dimensions inférieures : ils s'assureront pareillement de la qualité des fers, et si l'on emploie le nombre nécessaire de chevilles et de clous conformément au devis; enfin, ils veilleront soigneusement, ainsi que les officiers que le directeur aura préposés à l'inspection du travail, à tout ce qui peut contribuer à l'économie et au bon emploi des matières, ainsi qu'à l'accélération et à la solidité de l'ouvrage.

214.

Il en usera de même pour les radoubs.

Le directeur des constructions, l'ingénieur-constructeur en chef, et les ingénieurs-constructeurs ordinaires, suivront très-régulièrement la visite des vaisseaux à radouber; ils en feront l'examen avec la plus grande exactitude, et le travail en sera dirigé, inspecté et suivi de la même manière qu'il est expliqué pour les constructions.

215.

Il chargera de la construction du Berceau l'ingénieur-constructeur qui aura construit le Vaisseau.

Lorsque le vaisseau devra être mis à l'eau, le directeur chargera l'ingénieur-constructeur qui l'aura construit, de tout ce qui concerne la charpente du berceau.

216.

Sera chargé de la carène des Vaisseaux.

Le directeur des constructions sera chargé de tout ce qui concerne la carène des vaisseaux, chauffage, calfatage et corroi, à l'exception de la manœuvre pour les mâter, les virer en quille, les entrer dans le bassin et les en sortir, et tous autres mouvements qui appartiennent au détail du port; il veillera à ce que les gardes-feu soient solidement attachés, que les pompes et leurs plates-formes soient bien établies; que tous les secours contre le feu soient préparés; que le bardis soit bien fait, qu'il soit bien calfaté, ainsi que les sabords, faux-sabords et autres ouvertures; et il tiendra sévèrement la main à ce que les officiers et ingénieurs-constructeurs qu'il aura chargés de l'inspection et de la direction du travail, y assistent assidûment, et examinent avec la plus grande attention, si les liaisons sont solides, si aucune pièce ne largue, si les écarts sont bien approchés, et

TITRE X.

s'il est nécessaire de changer des chevilles et des clous, afin qu'il y soit remédié sur le champ; ils prendront garde aussi que toute l'étoupe qu'on emploiera au calfatage, soit bien sèche et qu'il en soit mis une quantité suffisante.

217.

Fera prendre l'arc des Vaisseaux.

Il fera prendre très-exactement l'arc des vaisseaux qu'il faudra caréner ou radouber dans les bassins, afin que leur quille appuie également et sans effort sur les tins ou chantiers.

218.

Les Vaisseaux qui auront navigué dans les mers chaudes, seront carénés en arrivant.

En conséquence des ordres qu'il recevra du directeur général, il fera chauffer, calfater et brayer, huit jours au plus tard après leur arrivée, les vaisseaux qui auront navigué dans les mers chaudes, afin de faire périr les vers qui auront piqué leur carène.

219.

Carène réglée des Vaisseaux du Port.

Il fera caréner tous les trois ans les vaisseaux qui resteront dans le port; il leur fera donner une demi-carène, chacune des autres années, et il marquera dans un registre le temps où chaque vaisseau aura eu une carène entière ou une demi-carène.

220

Fera calfater, résiner et goudronner les Vaisseaux.

Il fera calfater deux fois l'an, au-dedans et au-dehors, les vaisseaux du port; savoir, au commencement de l'hiver et au printemps; et il les fera racler et résiner par-dehors au mois d'avril, et goudronner au mois de septembre, sans les racler; et tous les deux ans, au mois d'août, il fera donner une impression de peinture à la sculpture et à l'accastillage, pour les conserver.

221.

Les Vaisseaux désarmés ne seront chargés d'aucun fardeau.

Il prendra garde à ce qu'on ne laisse dans les vaisseaux désarmés aucun fardeau qui puisse leur nuire.

222.

Précaution pour la conservation des mâts.

Les vaisseaux ayant été démâtes au retour des campagnes, il veillera à ce que leurs mâts et vergues d'assemblage soient placés sous des hangars couverts où ils soient appuyés de distance en distance dans toute leur longueur, et il les fera auparavant gratter et

TITRE X.

goudronner; et ceux qui ne seront point d'assemblage, seront placés sous l'eau de mer, où ils seront contenus par des piquets et traverses, afin de les empêcher de prendre de faux plis, ou déposés dans leur vaisseau respectif ou sous des hangars, conformément à ce qui sera ordonné par le commandant.

223.

Visite des mâtures en place.

Si les vaisseaux restent mâtés après leur désarmement, il aura soin que le maître-mâteur en visite les mâts deux ou trois fois par an; et les fera grater et résiner autant de fois qu'ils en auront besoin; il observera si la tête desdits mâts est couverte, et fera ôter une partie des coins, afin de faciliter la circulation de l'air sur la partie du mât comprise dans l'étambraye.

224.

Les Ponts seront épontillés.

Il aura attention de faire soutenir les ponts par des étançons ou épontilles, placés de distance en distance sous les baux.

225.

Conservation des Chaloupes et Canots.

Il veillera à l'entretien et à la conservation des chaloupes et canots, soit qu'ils aient été déposés dans les vaisseaux auxquels ils appartiennent, soit qu'ils aient été mis sous des hangars, à flot, ou placés dans tout autre endroit du port; il sera pareillement chargé de l'entretien de tous les autres canots et chaloupes destinés pour le service journalier du port.

226.

Aura attention de faire calfater et brayer les endroits par où les eaux de pluie pourraient pénétrer dans les Vaisseaux.

Il verra si les gardiens des vaisseaux et autres bâtiments, ne laissent point séjourner sur les ponts les eaux de pluie, s'il ne s'en est point écoulé dans le fond de cale, ou s'il n'en a point filtré le long des membres, afin de faire aussitôt calfater et brayer les endroits par où elles auront pénétré.

227.

Fera ajuster des gouttières aux dalots.

Il aura soin de faire ajuster à l'ouverture des dalots, des bouts de jumelles ou gouttières qui aient assez de saillie pour que les eaux du pont ne tombent point sur les côtés du vaisseau en s'écoulant, et il aura attention de faire détacher le cul-de-lampe des bouteilles.

TITRE X.

228.

Sabords de la seconde batterie fermés.

Il fera fermer par des panneaux de planches, les sabords de la seconde batterie ou autres qui n'auraient point de mantelets, afin d'empêcher les eaux de pluie de tomber sur les feuillets et de pourrir la tête des membres par leur filtration.

229.

Ouverture des écoutilles du premier pont.

Il fera lever les panneaux des écoutilles du premier pont, et il fera mettre au-dessus quelques planches entre lesquelles il restera du jour pour donner passage à l'air.

230.

Donnera son avis sur la distribution du lest dans les Vaisseaux désarmés.

Pour obvier autant qu'il sera possible à l'arc que prennent les vaisseaux désarmés dans le port, le directeur des constructions, l'ingénieur-constructeur en chef et l'ingénieur-constructeur ordinaire qui aura construit le vaisseau, donneront leur avis sur la distribution et l'arrangement du lest dans la cale, et sur la quantité qu'on devra y en mettre.

231.

Donnera son avis sur la distribution du lest et l'arrimage au premier armement d'un Bâtiment neuf.

Lors du premier armement d'un vaisseau, frégate ou autre bâtiment, le directeur des constructions et l'ingénieur-constructeur qui aura construit le bâtiment, donneront leur avis à l'officier qui le commandera, sur la quantité et l'arrangement du lest, sur l'arrimage, sur la position de la mâture, et sur la quantité et la différence du tirant d'eau de l'avant à l'arrière, en lest et en charge.

232.

Nommera des Officiers et Ingénieurs-constructeurs pour les recettes de bois et s'y portera lui-même.

Le directeur des constructions nommera pour assister à toutes les recettes des bois de construction, bois de mâture ou autres, des officiers de son détail et des ingénieurs-constructeurs, lesquels donneront leur avis sur la bonne ou mauvaise qualité de chaque pièce, examineront si toutes sont des proportions ordonnées, et prescriront l'ordre et l'arrangement suivant lequel les bois devront être placés dans les dépôts, espèce par espèce, et suivant le rang des vaisseaux auxquels ils seront propres, afin d'éviter les remuements inutiles, en ayant attention de les disposer de manière que les bois les plus anciens, qui devront toujours être employés les premiers, puissent être retirés avec facilité. Le directeur et l'ingénieur-constructeur en chef, qui se porteront à toutes les recettes dans les cas qui l'exigeront, en signeront toujours les états, qui seront pareillement signés des officiers et ingénieurs-constructeurs qui y auront assisté; et ils se conformeront au surplus, pour ce qui concerne les recettes, à ce qui est prescrit au *titre IV* de la présente Ordonnance. Les gardes du pavillon ou de la marine attachés au détail des constructions, ainsi que les élèves-ingénieurs-constructeurs, assisteront, pour leur instruction, à toutes les recettes de bois.

233.

Nommera des Ingénieurs pour le choix des bois.

Le directeur nommera toujours un ingénieur ou un sous-ingénieur-constructeur, pour être présent au choix des bois nécessaires aux diverses constructions et radoubs, et pour les mâtures et tous autres ouvrages, afin qu'il n'en soit pris dans les dépôts, pour être transportés sur les chantiers et dans les ateliers, que de la qualité, du gabarit, de l'échantillon et des dimensions qui y conviendront.

234.

Se conformera à ce qui est prescrit au *Titre IV*, pour la direction des Chantiers et Ateliers.

Il se conformera au surplus, pour tout ce qui concerne la direction des chantiers et ateliers ressortissants de son détail, à ce qui est prescrit au *titre IV* de la présente Ordonnance.

235.

Les plans et projets proposés par les Ingénieurs-constructeurs seront examinés au Conseil de Marine.

Lorsqu'un ingénieur ou sous-ingénieur-constructeur imaginera quelque plan particulier, ou dressera quelque projet qui renfermera des idées nouvelles, il le présentera à l'examen du directeur des constructions et de l'ingénieur-constructeur en chef, qui en conféreront avec le directeur général et le commandant; et si la matière leur paraît mériter d'être discutée et approfondie, le commandant ordonnera que l'examen en soit fait dans le conseil de marine.

Dans le cas où l'ingénieur-constructeur en chef aura lui-même quelque plan ou projet nouveau à mettre au jour, il en conférera avec le directeur des constructions, le directeur général et le commandant, et il en sera usé de même.

236.

Entend Sa Majesté que les dispositions de l'Ordonnance du 25 mars 1765, *concernant les ingénieurs-constructeurs de la marine*, soient au surplus maintenues et suivies en tout ce qui n'est pas contraire à la présente Ordonnance, et dans les points auxquels il n'a pas été pourvu.

---

# TITRE XI.

## *Du Directeur de Port.*

237.

Sur qui il aura inspection.

LE directeur de port, conformément à ce qui est prescrit aux *titres Ier et II de la présente Ordonnance*, aura inspection sur le maître d'équipage du port, les maîtres et officiers-mariniers de manœuvre, les maîtres de pilotage, hauturiers, côtiers, lamaneurs, et sur tous autres entretenus pour les opérations et mouvements du port, et non employés dans les détails des constructions et de l'artillerie; sur les maîtres et ouvriers des ateliers de la corderie, de la garniture, de la voilerie, de la poulierie, des toiles, de la tonnellerie, des pompes, de la serrurerie, de la plomberie, de la ferblanterie, de la chaudronnerie, de la vitrerie, et sur les maîtres et ouvriers employés dans les autres ateliers dépendants de ces premiers; comme aussi sur les gardiens de vaisseaux ou autres bâtiments et machines à leur usage; sur les guetteurs ou observateurs de signaux, sur les bateliers et canotiers entretenus, sur les gardiens de nuit, sur les escouades de matelots ou soldats employés en qualité de journaliers, tant aux transports et mouvements des bois ou autres effets, excepté ceux de l'artillerie, qu'à toutes autres opérations du port, et sur les escouades de forçats employés auxdites opérations.

238.

Rendra compte de tout chaque jour au Directeur général.

Le directeur de port rendra compte chaque jour, au directeur général, de tout ce qui concerne le détail qui lui est confié.

239.

Fera la destination des Maîtres d'Équipage et de Pilotage.

Il fera la destination des maîtres d'équipage, de pilotage et autres entretenus, et officiers-mariniers sous ses ordres, et les répartira, soit dans les ateliers dépendants de son détail, soit aux opérations et mouvements du port, suivant les besoins du service et les demandes des directeurs.

240.

Emploiera les Officiers-mariniers et les Gardiens de Vaisseaux.

Lorsque les officiers-mariniers et les gardiens ne seront point occupés au service des vaisseaux ou autres bâtiments, il les distribuera, pendant le jour, aux ouvrages auxquels ils seront jugés nécessaires; et il réglera les postes auxquels ils devront se rendre la nuit en cas d'accident.

241.

Répartira les Journaliers suivant les demandes qui lui en seront faites.

Les apprentis-canonniers qui seront employés aux mouvements et opérations du port, seront sous l'inspection du directeur de port qui en fera la répartition, ainsi que de tous les journaliers et escouades de forçats qui seront destinés pour le port, à proportion des besoins des différents détails de l'arsenal, et suivant les demandes qui lui en seront faites par les directeurs desdits détails.

242.

Les Matelots de levée qui ne seront point encore distribués, seront à sa disposition.

Lors des levées faites pour les armements, les officiers-mariniers et matelots ne devant être envoyés à bord des vaisseaux que suivant le besoin de l'armement, le directeur de port aura à sa disposition ceux qui n'auront point encore été distribués, et les emploiera aux différents travaux du port, jusqu'à ce qu'ils soient destinés sur les vaisseaux.

243.

Fera fournir à l'Intendant les Escouades dont il aura besoin.

Il fera fournir à l'intendant, sur l'ordre qu'il en recevra du commandant, les escouades de journaliers qui seront nécessaires pour le transport des effets et leur arrangement dans les magasins ou leur extraction desdits magasins, et il veillera à ce que toutes ces opérations soient faites avec toutes les précautions convenables.

244.

Tiendra prêts les secours

Lors des armements et des désarmements, il fera tenir prêts tous

9.

TITRE XI.

de pontons, chalans, etc. dont les Vaisseaux auront besoin, et en fera fournir à l'Intendant.

les secours de pontons, chalans, chaloupes et autres bâtiments nécessaires pour l'armement et le désarmement des vaisseaux, et le transport à bord ou à terre des agrès, apparaux, canons, armes et munitions quelconques de guerre et de bouche; et il fera fournir à l'intendant, sur l'ordre du commandant, tous ceux desdits bâtiments qui seront nécessaires, dans toute occasion, pour le transport des approvisionnements.

245.

Fera la visite des Magasins particuliers des Vaisseaux, et de ceux des cordages et voiles.

Il prendra les ordres du directeur général, pour faire par lui-même, et faire faire par les officiers sous ses ordres, la visite des magasins particuliers des vaisseaux, des salles à voiles, et de tous autres magasins où pourront être déposés des cordages, pour s'assurer que lesdits cordages et les voiles ne s'échauffent pas, et connaître ce qui aura besoin d'être renouvelé ou remplacé dans les magasins particuliers: et dans toutes les occasions où il s'agira de faire des mouvements dans lesdits magasins, il prescrira l'ordre et l'arrangement suivant lequel les effets devront être disposés; et le garde-magasin y sera toujours présent, par lui ou par l'un de ses commis.

246.

Remettra tous les mois, au Directeur général, un État des Magasins particuliers.

Il remettra tous les mois au directeur général, un état dans lequel il sera fait mention de ce qui manque à chaque magasin particulier de vaisseau, pour le complet de sa garniture, et si les ustensiles des divers maîtres sont en état et en la quantité ordonnée pour le réarmement du vaisseau; et ledit état, approuvé du directeur général, sera par lui remis au commandant.

247.

Fera disposer les retenues nécessaires pour mettre les Vaisseaux à la mer.

Lorsqu'il s'agira de mettre des vaisseaux à la mer, il fera disposer les rostures et bridures du berceau, les apparaux, s'il est nécessaire d'y en employer, et les cables et dromes qui devront servir de retenue: le directeur des constructions, et sous ses ordres l'ingénieur-constructeur qui aura construit le vaisseau, étant chargés des autres dispositions concernant la mise à l'eau.

248.

Fera un État de tout ce qui

Dès que la quille d'un vaisseau sera posée sur les chantiers, il

TITRE XI.

remettra au directeur général un état des cordages, poulies, toiles et autres choses nécessaires pour faire la garniture, le gréement et l'équipement du vaisseau; ledit état approuvé du directeur général sera par lui remis au commandant, et il en sera usé d'ailleurs, ainsi qu'il est prescrit au *titre IV* de la présente Ordonnance. Il se conformera pour les longueur et grosseur des manœuvres, et pour les poulies, aux états arrêtés par Sa Majesté.

est nécessaire à la garniture du Vaisseau.

249.

Les poulies, caliornes, et autres effets de carène restants dans les pontons, seront à sa garde.

Les caliornes, poulies, rouets de cuivre, franc-funins, et tous autres agrès ou apparaux servant à la manœuvre des carènes et déposés dans les pontons ou ailleurs, seront à la charge et garde du directeur de port, lequel en fera sa reconnaissance au bas de l'inventaire qui en sera dressé en présence du commissaire du magasin général, du garde-magasins et du contrôleur pour la décharge dudit garde-magasins, et sera visé du directeur général et du commandant.

250.

Fera préparer les apparaux nécessaires à la carène.

Il fera préparer les agrès et apparaux nécessaires pour le carénage des vaisseaux, prendra garde que les aiguilles soient de longueur convenable, qu'elles soient bien saines et présentées de manière à ne pouvoir offenser les mâts; que les ponts soient bien étançonnés aux endroits où les aiguilles devront porter; que les caliornes soient bien garnies, et que les pontons soient aussi pourvus de caliornes, franc-funins, barres et cabestans.

251.

Prendra les précautions convenables à la sûreté du Vaisseau en carène.

Il veillera à ce que le lest soit bien placé et retenu dans les parquets, afin que le vaisseau puisse être abattu sans accidents.

252.

Prendra les mesures nécessaires pour qu'on puisse éventer la quille, et tenir le Vaisseau sur le côté.

Il prendra les mesures nécessaires pour que la quille du vaisseau se voie de bout-en-bout et parallèlement au-dessus de l'eau lorsqu'il sera entièrement abattu, et qu'il puisse demeurer sur le côté tout le temps dont les charpentiers et calfats auront besoin pour faire le radoub et le calfatage.

253.

Lors des Armements.

Lorsque Sa Majesté aura envoyé ses ordres dans le port pour des

TITRE XI.

dressera un Etat de tous les Effets qui manqueront dans les Magasins particuliers, pour les compléter.

armements, le directeur de port remettra au directeur général, un état de tous les effets nécessaires pour compléter le magasin particulier de chaque vaisseau qui devra armer, ainsi que des articles relatifs à son équipement, conformément aux états arrêtés par Sa Majesté; ledit état approuvé du directeur général, sera par lui remis au commandant; et il en sera usé du reste ainsi qu'il est prescrit au *titre IV* de la présente Ordonnance.

254.

Fera mettre les Vaisseaux en rade.

Lorsque les vaisseaux seront armés et prêts à partir, et qu'il aura reçu l'ordre du directeur général pour les mettre en rade, il y conduira ou fera conduire, sous ses yeux, par le capitaine de port, les vaisseaux du premier et du second rang, et ceux des troisième, quatrième et cinquième rangs, les frégates et autres bâtiments, par les lieutenants et enseignes de port; et ils ne pourront quitter ces bâtiments qu'ils ne soient affourchés, sous peine d'en répondre.

255.

Les fera rentrer dans le Port.

Les vaisseaux étant de retour, le directeur observera, pour les rentrer dans le port, ce qui est prescrit par le précédent article, pour les mettre en rade.

256.

Recevra les Vaisseaux après leur désarmement, et pourvoira à leur amarrage.

Il se chargera des vaisseaux quand ils seront entièrement désarmés, fera la visite des soutes et coffres à poudre, pour s'assurer qu'ils ont été nétoyés et balayés; pourvoira à leur amarrage, y distribuera les gardiens, et prendra toutes les précautions nécessaires pour leur sûreté.

257.

Fera un Inventaire des Effets restants à bord.

Lorsqu'il aura reçu les vaisseaux des capitaines qui les commandaient, il sera fait par le garde-magasins, en présence du commissaire du magasin général et du contrôleur, un inventaire de tous les emménagements et logements subsistants, et de toutes les serrures, ainsi que des cables, cordages, rouets de fonte, mâts de hunes, affûts et autres effets quelconques qui resteront à bord, lesquels, comme faisant partie du vaisseau, demeureront à la charge et garde du directeur de port, qui en fera sa reconnaissance, pour la décharge du garde-magasins, au bas dudit inventaire qui sera visé du directeur général et du commandant.

258.

Visitera les agrès après le désarmement.

Dès que les désarmements seront achevés, le directeur de port examinera et fera examiner par le maître d'équipage du port, et les maîtres qui auront été employés sur chaque vaisseau, les agrès, cables, voiles, ancres et ustensiles, conformément à ce qui est prescrit au *titre VI, article* 154 de la présente Ordonnance, afin de constater sur l'inventaire, les choses en état de servir, celles à réparer et celles hors de service.

259.

Fera mettre à part les agrès de rebut.

Il aura soin qu'il ne soit rien remis dans les magasins particuliers que ce qui sera en état de servir; que les cables et cordages qui ne seront plus propres aux armements, soient mis à part et conservés avec attention pour les amarrages et les manœuvres du port, et que le cordage qui sera mauvais soit séparé pour faire des étoupes; que les voiles hors de service soient déralinguées et gardées pour faire des prélarts et servir de fourrures; et que les parties de gréement, apparaux et ustensiles qui pourront servir en les raccommodant, soient portées dans les ateliers où elles devront être réparées.

260.

Fera arranger tous les Effets dans les Magasins ou dans les lieux qu'il assignera.

Quand la séparation des effets à conserver, de ceux à réparer, de ceux de rebut, aura été faite, il veillera à ce que tous les effets dépendants des magasins particuliers des vaisseaux y soient rapportés; que les voiles, fûtailles, ancres et autres effets non compris dans l'état desdits magasins soient rapportés et arrangés dans les magasins, ou aux lieux désignés, et dans l'ordre qu'il prescrira, et que tout ce travail soit fait par les gens de l'équipage de chaque vaisseau, sous la conduite des officiers de chaque état-major.

261.

Emploiera des cables vieux et des chaînes de fer pour l'amarrage des Vaisseaux.

Il fera employer pour les amarrages, des cables jugés hors de service pour la mer, ou des cables du second brin, et des chaînes de fer dans les endroits où les cables pourraient se couper.

262.

Comment les Vaisseaux seront amarrés.

Il aura attention que les vaisseaux soient, autant qu'il se pourra, amarrés par les seconds sabords de l'avant et de l'arrière, plutôt

TITRE XI. que par les écubiers et les sabords de poupe, afin de soulager ces parties; et il veillera à ce que les gardiens visitent journellement les amarres.

263.

Fera visiter les amarres une fois l'an.

Il fera relever et manier une fois l'an les cables d'amarrage; il les fera tourner bout pour bout, s'il est nécessaire, en changeant leurs fourrures; et il aura soin de faire changer les cables aussitôt qu'ils paraîtront mauvais.

264.

Fera visiter les Vaisseaux tous les jours.

Il visitera tous les jours, ou fera visiter par les officiers sous ses ordres, les vaisseaux désarmés dans le port, pour voir s'ils sont tenus propres, et si leurs amarres sont en bon état; et quoiqu'il ne soit pas chargé de l'entretien desdits vaisseaux, l'intention de Sa Majesté est que s'il reconnaissait qu'ils ont besoin de quelques réparations urgentes, il en rendit compte sur le champ au directeur général, qui prendrait les ordres du commandant, pour que les réparations nécessaires fussent faites sans aucun retardement.

265.

Précautions pour la conservation des mâts.

Il fera démâter les vaisseaux, au retour des campagnes, si le commandant le juge à propos; et s'ils restent mâtés dans le port, il aura soin de faire couvrir la tête des mâts, et d'employer pour les tenir, des haubans et des étais jugés hors de service pour la mer.

266.

Renouvellement et disposition du lest.

Il fera toujours tirer des vaisseaux le lest qui aura fait campagne; il y en fera mettre de nouveau, et il consultera le directeur des constructions et l'ingénieur-constructeur en chef, sur la quantité qu'il faudra y en mettre, et sur la manière de le distribuer qui paraîtra la plus avantageuse pour prévenir l'arc du vaisseau.

267.

Fera visiter le lest dans le temps de chaque carène.

Il fera visiter le lest dans le temps de chaque carène, et le fera changer s'il le trouve sale. Il fera laver les fonds du vaisseau; et lorsqu'ils seront bien nétoyés, il y sera mis de nouveau lest qui sera de cailloux nets et purgés de terre: il observera que ces opérations soient exécutées en moins de temps qu'il sera possible, afin de prévenir l'arc que le vaisseau pourrait prendre en restant trop long-temps lège.

268.

Défendra aux Gardiens de loger dans les chambres des Vaisseaux.

Il ne permettra pas que les gens destinés à la garde des vaisseaux logent dans les chambres réservées aux officiers, mais dans la sainte-barbe ou entrepont.

269.

Veillera à ce qu'ils ne détournent aucuns Effets.

Il veillera à ce que lesdits gardiens ne détachent et ne prennent aucun meuble appartenant au vaisseau, coffres, armoires, tables, serrures, et à ce qu'ils n'emportent aucunes parties des agrès, sous prétexte qu'ils seraient usés et hors de service : et il sera remis à chaque gardien du vaisseau, lors du désarmement, copie de l'inventaire des différents effets restants à bord, desquels il demeurera responsable.

270.

Leur défendra de faire du feu.

Il défendra auxdits gardiens de faire du feu dans le vaisseau, sous les peines portées par les Ordonnances; et il leur enjoindra, s'ils ont besoin de lumière pour les visites à faire, de la tenir toujours dans un fanal.

271.

Recommandera que les neiges soient balayées.

Il leur recommandera de balayer promptement les neiges qui seront tombées sur le vaisseau, sur les amarres, cables et autres cordages.

272.

Fera mettre des prélarts par-tout où besoin sera.

Il fera, quand il sera à propos, enduire de goudron les prélarts et les brayes, pour les tenir bien étanchés; il fera mettre sur les caillebotis, des chevrons de planches en dos d'âne, et il les fera couvrir, ainsi que les écubiers, panneaux et escaliers, de prélarts attachés avec des tresses clouées, afin d'empêcher qu'ils ne soient arrachés par les vents, et il ordonnera aux gardiens d'en faire la visite tous les soirs; il fera couvrir de la même manière la tête de l'étrave.

273.

Veillera à ce que l'eau soit pompée.

Il aura attention que les gardiens visitent les pompes chaque jour, et vident exactement l'eau des vaisseaux.

TITRE XI.

274.

Propreté des Vaisseaux.

Il fera balayer par lesdits gardiens, tous les deux jours au moins, les chambres, dunettes, gaillards, ponts, fonds de cale et préceintes du vaisseau.

275.

Fera mettre aux Vaisseaux des défenses contre les abordages.

Il fera suspendre, par les sabords des vaisseaux et autres bâtiments, des tronçons de cable, pour défendre leurs côtés de l'abordage et frottement des chaloupes, pontons et autres bâtiments qui traverseront le port, ou qui seraient amarrés aux vaisseaux.

276.

Fera donner de l'air aux Vaisseaux.

Il recommandera aux gardiens, d'ouvrir, pendant les jours de beau temps, les sabords de la première batterie, et d'ôter les prélarts de dessus les caillebotis, panneaux et autres ouvertures. Il fera, aussi souvent que le temps le permettra, suspendre à quelque mât ou long espare, un ou deux entonnoirs de toile ou manches-à-vent, pour porter un air plus sec et plus frais dans les cales, ou établira toute autre espèce de ventilateur capable de renouveler l'air.

277.

Fera changer les Vaisseaux d'exposition.

Si deux vaisseaux sont amarrés l'un auprès de l'autre, il aura attention de les faire changer de côté deux ou trois fois l'an, plus souvent s'il est nécessaire, pour préserver le côté exposé aux rayons du soleil ou à l'humidité, d'en recevoir trop d'impression; il observera la même chose pour les vaisseaux amarrés seuls dans certains endroits du port moins favorables à leur conservation.

278.

Fera munir les Vaisseaux de haches, sceaux et pompes portatives.

Il aura attention que les vaisseaux soient munis de haches, de sceaux et de bailles, pour servir aux accidents du feu, et que la pompe portative qui sera donnée à chaque vaisseau, soit toujours en état.

279.

Il assignera aux Navires marchands les places où ils devront s'amarrer, et fera débarquer leurs poudres.

Il prendra les ordres du directeur général pour assigner les places auxquelles il pourra être permis aux bâtiments marchands de s'amarrer, et ne les laissera entrer dans le port, qu'après qu'ils auront déchargé leurs poudres, et autres matières combustibles;

observant que ces bâtiments soient toujours séparés et éloignés de ceux de Sa Majesté.

280.

Veillera à conserver la profondeur du Port et de la Rade.

Il veillera particulièrement à conserver la profondeur dans le port, dans les bassins et dans la rade ; et à ce que les corps-morts d'amarrages soient visités et entretenus en bon état.

281.

Tiendra la main à ce que les Navires marchands aient des bouées sur leurs ancres.

Il tiendra la main à ce que les maîtres et patrons de navires et autres bâtiments qui mouilleront dans la rade, ou qui voudront se tenir sur leurs ancres dans le port, aient des bouées à leurs ancres pour les marquer ; et dans le cas où lesdits maîtres ou patrons contreviendraient à la présente disposition, l'intendant, sur la plainte qui en sera faite par le directeur de port, les condamnera à cinquante livres d'amende.

282.

Fera marquer par des balises les bancs ou dangers.

Il fera marquer soigneusement avec des corps flottants et balises fort reconnaissables, les rochers, bancs et autres dangers qui seront sous l'eau, soit dans le port, soit dans la rade : il assignera aussi les endroits, soit dans la rade, soit à proximité de la rade, où l'on pourra jeter les décombres et les vases qui proviendront du curage du port; et il se conformera au surplus à ce qui est prescrit par l'Ordonnance du 25 mars 1765, *concernant la marine, au titre XLIII, de la conservation des ports et rades.*

283.

Sera chargé de veiller au lestage et délestage des Navires marchands.

Il sera chargé, sous les ordres du directeur général, de tout ce qui concerne le lestage et le délestage des navires marchands, et veillera à ce que tout ce qui est prescrit à cet égard par l'Ordonnance du 25 mars 1765, *concernant la marine, titre XLIV,* soit exécuté et suivi selon sa forme et teneur.

284.

Fera de fréquentes visites aux Corderies et Ateliers sous sa direction.

Il fera souvent des visites aux corderies, étuves, salles aux garnitures et aux voiles, aux ateliers des poulieurs et autres ouvriers qui travaillent pour la garniture des vaisseaux, à l'atelier de la tonnellerie, et à tous autres ressortissants de sa direction, ainsi que

TITRE XI.

dans tous les endroits où s'exécuteront les opérations ou mouvements qu'il aura ordonnés, pour s'assurer que les ouvriers et journaliers sont dirigés et surveillés assidument par les officiers et autres sous sa charge.

285.

Se conformera à ce qui est prescrit pour la direction des Ateliers.

Il se conformera pour tout ce qui concerne la direction des ateliers dépendants de son détail, à ce qui a été prescrit au *titre IV* de la présente Ordonnance, et il s'attachera particulièrement à tout ce qui peut perfectionner la fabrication des cordages.

286.

Attention à avoir dans la fabrication des cordages.

Il aura soin que le chanvre soit bien espadé, bien peigné et nétoyé d'ordures et de tout corps étranger; qu'il soit filé fin, uni et peu tors. Lorsqu'on goudronnera le fil-carret, il prendra garde que le fil, après avoir passé rapidement dans l'auge, soit pressé de manière qu'il ne retienne que la quantité de goudron qui lui est nécessaire; et il aura attention à ce que le cordage ne soit pas trop commis ni trop tors. Sa Majesté voulant que les cordages fabriqués dans ses arsenaux ou ailleurs pour le service de ses vaisseaux et autres bâtiments, aient une marque distinctive, il aura attention qu'il soit mis dans chaque toron, savoir, dans le cordage blanc, un fil-carret goudronné; et dans le cordage goudronné, un fil-carret blanc.

287.

Attentions pour les poulies.

Il s'occupera dans la fabrication des poulies, de tous les moyens qui peuvent concourir à faciliter les mouvements, et à prolonger la durée du cordage par la réduction des frottements; et il fera donner aux poulies toute la légèreté dont elles peuvent être susceptibles, sans perdre de leur solidité.

288.

Attentions pour la garniture.

Il aura soin que le travail de la garniture soit fait avec toute l'attention qu'il exige, qu'il n'y soit employé que du cordage qui n'ait éprouvé aucune altération, et qu'il y ait toujours un officier présent dans la salle de la garniture, pour faire couper les manœuvres dormantes et courantes de la longueur dont elles doivent être. Il observera qu'il n'y ait rien d'employé mal-à-propos, ni de dissipé; et que les cordages soient empeignés, transfilés, fourrés et garnis aux endroits nécessaires pour leur conservation.

289.

Attentions pour les voiles.

Il veillera à ce que les voiles soient taillées sur des dimensions proportionnées à la hauteur des mâts et aux longueurs des vergues, d'après les proportions de la mâture qui lui auront été commuiquées par le directeur des constructions; et il s'assurera que le fil qu'on emploie pour les coutures, ainsi que les cordages de ralingues, sont de bonne qualité.

290.

Veillera sur tous les autres Ateliers de son Détail.

Il aura la même attention pour que les travaux des autres ateliers dépendants de sa direction, soient exécutés avec les plus grands soins et la plus grande économie.

291.

Assistera aux recettes des matières qui devront être mises en œuvre dans les Ateliers de son Détail.

Le directeur de port assistera par lui-même ou par le capitaine de port et les officiers sous ses ordres, à toutes les recettes qui se feront des toiles, chanvres, brai, goudrons, résine, bois de mairain et toutes autres matières et marchandises qui devront être travaillées ou converties dans les divers ateliers ressortissants de sa direction, et veillera à ce que les gardes du pavillon ou de la marine, sous ses ordres, y assistent pour leur instruction. Il signera toujours les procès-verbaux de réception, et se conformera au surplus à ce qui est prescrit, pour ce qui concerne les recettes, au *titre IV* de la présente Ordonnance.

# TITRE XII.

## *Du Directeur de l'Artillerie.*

292.

Sur qui il aura inspection.

Le directeur de l'artillerie aura inspection sur les compagnies de bombardiers et d'apprentis-canonniers, sur les maîtres-canonniers entretenus, et sur tous les maîtres et ouvriers employés dans les ate-

TITRE XII.

liers des affûts, du charronnage, des forges à l'usage de l'artillerie, de la fonderie, de la salle d'armes et autres dépendants de sa direction, conformément à ce qui est prescrit aux *titres Ier et II* de la présente ordonnance.

293.

Rendra compte, chaque jour, au Commandant et au Directeur général.

Il rendra compte chaque jour au commandant et au directeur général, de tout ce qui concernera le détail qui lui est confié : il fera de fréquentes tournées pendant les heures de travail, à l'atelier des affûts, à ceux de la salle d'armes, ainsi qu'aux ateliers dépendants de sa direction, et dans tous les endroits du parc d'artillerie, où il aura ordonné quelques travaux ou mouvements, pour s'assurer que les officiers sont assidus à leurs fonctions, et que les bombardiers, apprentis-canonniers et ouvriers sont dirigés, suivis et surveillés dans toutes leurs opérations.

294.

Veillera aux Écoles et aux Exercices d'Artillerie.

Il veillera à ce que les bombardiers et apprentis-canonniers soient instruits et exercés, conformément à ce qui est prescrit par les ordonnances *concernant ces compagnies :* et il tiendra la main à ce qu'il assiste toujours un officier aux écoles des apprentis-canonniers et aux exercices, tant à ceux desdits bombardiers et apprentis-canonniers, qu'aux exercices qui seront faits par les compagnies du corps royal d'infanterie de la marine.

295.

Distribuera les Maîtres-canonniers et les Bombardiers aux différents ouvrages de l'Artillerie.

Il attachera les maîtres-canonniers entretenus, aux diverses fonctions qu'il jugera à propos de leur confier; et il emploiera les bombardiers à l'arrangement, au nétoiement des canons, et à tous les autres travaux relatifs à l'artillerie.

296.

Distribuera les Apprentis-canonniers aux travaux de l'Artillerie, et aux opérations du Port.

Après les heures d'école et d'exercice, et sur les ordres qu'il recevra du directeur général, il distribuera les apprentis-canonniers, pendant le restant de la journée, savoir : la moitié à faire des palans de canons, à garnir de bragues, des aiguillettes, à la composition des artifices, et à tous les ouvrages du fait de l'artillerie; et l'autre moitié aux ouvrages du port, et particulièrement au gréément des vaisseaux, sous les ordres du directeur de port. Il fera conduire chaque escouade par un des caps ou sous-caps qui y sont attachés; et si les travaux de l'artillerie n'exigent pas que la moitié des apprentis-canonniers y soient employés, il remettra à la disposition du directeur de port tous ceux qui ne seront pas nécessaires pour les opérations de son détail.

297.

Fera mettre en prison ceux qui s'absenteront.

Il fera mettre en prison ceux des apprentis-canonniers qui s'absenteront de l'école, de l'exercice, ou des travaux auxquels ils auront été destinés; et leur solde leur sera retranchée pour le temps qu'ils se seront absentés, et pour les jours qu'ils seront détenus en prison pour fautes commises : il fera remettre au commissaire préposé aux revues un état des apprentis-canonniers qu'il aura fait mettre en prison, dans lequel sera spécifié le nombre de jours que chacun d'eux y aura été détenu.

298.

Tiendra Registre des Canons, Mortiers et Effets dépendants de l'Artillerie.

Il tiendra un registre exact de tous les canons de fonte et de fer qui seront dans l'arsenal, dans lequel état il marquera les fabriques où ils ont été coulés, leurs calibres, poids, longueurs et numéros, et les défauts qu'ils peuvent avoir. Il tiendra un semblable registre de tous les mortiers, dans lequel seront marqués leurs différentes dimensions, leur poids, la quantité de poudre qu'il faut pour les charger, et le diamètre des bombes auxquelles ils peuvent servir. Il dressera un inventaire des armes, effets, outils et ustensiles quelconques à l'usage de l'artillerie; et de tout il remettra chaque mois un extrait signé de lui au directeur général qui le remettra au commandant.

299.

Il veillera à l'arrangement et à la disposition de tous les Effets dépendants de l'Artillerie.

Il tiendra la main à ce que les canons et mortiers soient placés dans les endroits qu'il aura assignés d'après les ordres du directeur général; que les canons de fonte soient séparés de ceux de fer, et rangés par calibres; que les affûts soient placés sous des hangars, après avoir été enduits de peinture ou de goudron; et que ceux de chaque vaisseau soient marqués d'une même marque; que les boulets soient mis dans leurs parquets et empilés par calibres; que les bombes et les grenades chargées, les pots à feu, chemises soufrées et tous autres artifices, soient tenus dans des lieux sûrs et à l'abri de toute humidité; et que les armes soient rangées par calibres, qualités et espèces dans les salles destinées à les recevoir, dont il réglera la distribution d'après le plan qui en aura été arrêté au conseil de marine; enfin il veillera à ce que le parc et tous les magasins de l'artillerie dont il a l'inspection soient toujours en bon ordre et en bon état, et que les différents effets y soient rangés d'une manière convenable pour leur conservation et facile pour le service.

300.

Fera la visite des Magasins.

Il prendra les ordres du directeur général pour faire par lui-même ou faire faire par les officiers sous ses ordres la visite des magasins de l'artillerie, pour s'assurer de l'état et de la situation des divers effets qui y sont déposés, et faire, en la forme prescrites au *tit. IV,* les demandes nécessaires pour réparer ou remplacer ceux desdits effets qui auront besoin de réparations ou d'être renouvelés.

301.

Aura une clef des Magasins à poudre, et veillera à leur sûreté.

Il veillera à ce que tout ce qui est prescrit par les ordonnances, concernant la garde et sûreté des magasins à poudre, et les précautions à prendre, soit maintenu et suivi à la rigueur. Les poudres et artifices seront rangés par ses soins et par les maîtres-canonniers, bombardiers et apprentis-canonniers, sous ses ordres, dans les poudrières et magasins destinés à les recevoir.

Il aura une clef desdits magasins, dont l'ouverture ne pourra être faite, sous quelque prétexte que ce soit, qu'en présence de l'officier d'artillerie qu'il aura nommé pour y assister, et à qui il aura remis en main propre la clef confiée à sa garde, et en présence du garde-magasins, ou de l'un de ses commis, et d'un commis du contrôle.

302.

Fera l'épreuve des Canons, Armes et Poudres.

Il fera l'épreuve des canons, mortiers, poudres et armes destinés pour le service des vaisseaux, visitera exactement chaque canon; examinera la qualité du métal, s'il est poreux, venteux cu chambré; si le calibre est juste, si la pièce peut être bien posée sur son affût, si elle a été bien forée ou alésée, et si elle est bien nette en dedans; et en cas qu'elle ait quelque défaut, il la rebutera : l'intention de Sa Majesté étant qu'il ne soit reçu aucuns canons pour l'usage de ses vaisseaux, qu'ils n'aient été bien et dûment visités et éprouvés en la manière prescrite par les ordonnances, et en présence du commissaire du magasin général et du contrôleur. Il fera pareillement l'épreuve de la poudre et des armes à feu, conformément à ce qui se pratique.

303.

Fera faire les plates-formes des mortiers sur les Galiotes, et disposer les artifices sur les Brûlots.

Il fera faire les plate-formes des mortiers sur les galiotes à bombes, et y fera embarquer et établir les mortiers sur leurs affûts. Il sera pareillement chargé de faire disposer les artifices et les matières combustibles dans les bâtiments destinés à servir de brûlots à la suite des armées.

304.

Lors des armements, dressera un état des Effets d'Artillerie nécessaires pour l'armement de chaque Vaisseau.

Lorsque Sa Majesté aura ordonné des armements dans le port, le directeur de l'artillerie prendra les ordres du directeur général, pour régler le nombre et l'espèce des canons qui devront être embarqués sur chaque vaisseau; et il remettra au directeur général un état qu'il aura signé, des armes, ustensiles et munitions de guerre nécessaires pour l'armement de chaque vaisseau, en se conformant, pour les quantités de chaque chose, au réglement arrêté par Sa Majesté, à proportion du nombre et de l'espèce des canons qui auront été réglés; et il en sera au surplus usé ainsi qu'il est prescrit aux *titres IV* et *VI* de la présente ordonnance.

305.

Fera faire la visite des soutes à poudre, parcs à boulets:

Dès que le vaisseau aura été caréné, il fera visiter la sainte-barbe et ses emménagements; les soutes à poudre et celles des rechanges du maître-canonnier; les coffres à poudre, les puits et parquets où l'on doit mettre les boulets; les crocs, boucles, organeaux et pentures de sabords; les mantelets et tout ce qui appartient aux canons; et il rendra compte au directeur général de l'état de toutes choses, afin que celui-ci puisse en instruire le commandant qui donnera ses ordres au directeur des constructions, pour qu'il soit pourvu aux réparations nécessaires.

306.

Fera connaître à chaque maître Canonnier, les canons destinés à son Vaisseau.

Il fera connaître à chaque maître-canonnier les canons qui seront destinés pour son vaisseau, afin que ledit maître-canonnier fasse

TITRE XII.

lui-même la visite de ses canons; et le directeur prendra soin qu'il ne les change pas, et qu'il ne s'en embarque pas au-delà du nombre ordonné.

307.

Il nommera un Officier d'Artillerie pour assister à la visite des canons.

Il nommera un officier d'artillerie pour assister à la visite des canons et des affûts qui devront être embarqués, et à la délivrance des armes et de tous les effets dépendants de l'artillerie; et il veillera à ce que les affûts conviennent aux pièces et à la hauteur des feuillets des vaisseaux sur lesquels ils devront être embarqués; que les boulets soient des calibres des pièces; que les cuillers, refouloirs, écouvillons, porte-gargousses, et tous les ustensiles du canonnier, soient propres pour les pièces auxquelles ils doivent servir, et qu'il y en ait la quantité contenue dans l'inventaire d'armement.

308.

Fera assister un Officier à la délivrance des poudres.

Lorsqu'il sera question de délivrer les poudres aux vaisseaux qui seront en rade, il nommera les officiers qui devront assister à cette délivrance, et il aura soin qu'on distingue les poudres neuves de celles qui auront déja fait campagne, afin que celles-ci soient employées les premières.

309.

Fera visiter les soutes à poudre au retour des Campagnes.

Lorsque les vaisseaux revenant de la mer seront désarmés, il fera faire par le maître-canonnier du port, la visite des soutes et coffres à poudre, pour s'assurer que le maître-canonnier du vaisseau les a bien fait balayer et nétoyer.

310.

Se fera représenter les morceaux des Canons qui auront crevé.

Si pendant la campagne il a crevé des canots de fer et des armes à feu, le directeur se fera représenter les morceaux qui en seront restés, et examinera soigneusement de quelle fabrique ils sont, et leurs défauts pour y remédier.

311.

Fera ranger les Canons sur leurs chantiers, et les affûts dans les magasins.

Après le désarmement, il fera replacer les canons sur leurs chantiers, quand ils auront été visités, et il aura soin qu'ils soient goudronnés et qu'on y mette des tampons. Il fera ranger les affûts dans les magasins, à moins que le commandant n'ordonne qu'ils restent en dépôt dans les vaisseaux auxquels ils appartiennent; et il veillera à ce que toutes ces opérations soient faites par les canonniers du vaisseau qui désarme.

312.

Aura soin que les armes soient nétoyées et replacées dans la salle d'armes.

Il aura soin que les armes soient bien nétoyées par les armuriers de chaque vaisseau avant que d'être rendues; que celles qui seront en état soient remises en leur ordre dans la salle d'armes, et que les autres soient portées à l'atelier des armuriers, où elles seront réparées, pour être ensuite rapportées dans la salle d'armes et rangées à leur place. Il remettra au directeur général, un état qu'il aura signé, dans lequel il spécifiera les armes qui auront été remises au magasin, et celles qui auront besoin de réparations; et ledit état, visé du directeur général, sera par lui remis au commandant.

313.

Se conformera à ce qui est prescrit pour la Direction des Ateliers.

Il se conformera pour tout ce qui concerne la direction des ateliers dépendants de son détail, à ce qui est prescrit par la présente ordonnance au *tit. IV;* et il donnera tous ses soins pour que les ouvrages y soient exécutés avec la plus grande solidité, et la plus grande économie de temps et de matières.

314.

Assistera aux Recettes de toutes les munitions, matières et marchandises à l'usage de l'Artillerie.

Il assistera par lui-même ou par les officiers sous ses ordres, et fera assister pour leur instruction, les gardes du pavillon ou de la marine de son détail, à toutes les recettes qui se feront de canons, armes, poudres, salpêtres, et généralement de toutes munitions, matières et marchandises à l'usage de l'artillerie, ou qui devront être employées dans les ateliers dépendants de sa direction; il signera toujours aux procès-verbaux de réception. Il se conformera au surplus à tout ce qui est prescrit pour les recettes au *titre IV* de la présente ordonnance.

315.

Entend Sa Majesté que l'ordonnance du 5 novembre 1766, *concernant les compagnies d'apprentis-canonniers;* celle du 25 mars 1765, *concernant la marine,* pour ce qui est relatif au détail de l'artillerie; et celle du 26 décembre 1774, *pour rétablir les compagnies de bombardiers classés, etc.* soient maintenues et suivies en ce qui n'est pas contraire à la présente ordonnance et dans les points auxquels il n'a pas été pourvu.

# TITRE XIII.

## *Du Commissaire du Magasin général.*

316.

Sera toujours présent au Magasin général, et examinera les livres de Recette et de Dépense.

Le commissaire préposé au magasin général, y sera présent pendant les heures du jour qu'il sera ouvert; il examinera si les livres de recette et de dépense sont tenus en la manière prescrite au garde-magasin; si tout y est énoncé et libellé par qualité, quantité, et jour d'entrée et de sortie des marchandises et munitions; si elles sont bien rapportées dans le livre de balance, et si les poids et mesures sont exactement échantillés et étalonnés.

317.

Arrêtera les Recettes et Dépenses.

Il paraphera tous les soirs et au bas de chaque page, sur les registres du garde-magasin, les recettes et dépenses qui seront faites pendant le jour; et, à la fin de chaque semaine, il les arrêtera avec l'intendant. Il vérifiera tous les mois le livre de balance, et l'arrêtera tous les ans, pour reconnaître au juste ce qui reste dans les magasins; faisant mention des déchets et revenants-bon qui y seront trouvés, et des causes d'où ils seront provenus.

318.

Assistera à la réception des marchandises.

Il assistera à la réception des marchandises, munitions et ouvrages quelconques; prendra garde qu'il n'en soit reçu que de bonne qualité et des proportions requises, et se conformera au surplus à ce qui est prescrit pour les recettes, au *titre IV* de la présente Ordonnance.

319.

Il les fera ranger en bon ordre.

Il fera ranger lesdites marchandises en bon ordre, et tiendra la main à ce que le garde-magasin en délivre, sans retardement, des reçus qui seront visés par lui.

320.

Assistera à l'arrêté des comptes

Il assistera à l'examen et à l'arrêté des comptes qui se feront tous les mois, des matières qui auront été délivrées à des ouvriers travaillant hors de l'arsenal, pour leur convertissement en ouvrages, et signera sur le registre, au bas desdits arrêtés.

des matières livrées à des Ouvriers.

321.

Lors des armements, fera rassembler promptement toutes les matières et les effets porté par les États.

L'armement des vaisseaux ayant été ordonné, et l'état que le directeur de port aura dressé de ce qui peut manquer au complet du magasin particulier et de l'équipement de chaque vaisseau, ayant été renvoyé par l'intendant avec son ordre de délivrer, au commissaire du magasin général, celui-ci travaillera à rassembler promptement les matières ou effets portés par ledit état, afin que rien ne mette obstacle à la célérité de l'armement; et il en usera de même pour les objets des demandes qui seront faites par la direction des constructions et celle de l'artillerie.

322.

Complètera les Magasins particuliers des Vaisseaux.

Au désarmement des vaisseaux, lorsque les consommations auront été examinées et approuvées dans le conseil de marine, et remises au magasin général, le commissaire dudit magasin, d'après la visite qui aura été faite des effets de retour de campagne, en la forme prescrite au *titre VI, article* 154, et l'ordre qu'il en aura reçu de l'intendant, pourvoira à tout ce qu'il sera nécessaire de délivrer pour être mis dans les magasins particuliers et ceux de l'artillerie, où les matières demandées pour fabriquer ce qui devra y être mis en remplacement de ce qui aura été consommé ou jugé hors de service, afin que les effets desdits magasins soient toujours complets et en état.

323.

Fera mettre dans un Magasin particulier les Effets rebutés.

Il fera mettre dans un magasin particulier, les effets rebutés ou jugés hors de service pour les armements suivants, et ils seront réservés pour les usages du port.

324.

Ne fera rien délivrer aux Chantiers et Ateliers que les billets ne soient visés du Commissaire.

Il ne fera rien délivrer des magasins sur les billets des officiers de vaisseau ou de port ou ingénieurs-constructeurs, pour les constructions, radoubs, garniture, gréement, équipement des vaisseaux, et tous ouvrages à fabriquer dans les ateliers, si lesdits billets ne sont visés du commissaire départi aux chantiers et ateliers.

# TITRE XIV.

## *Du Commissaire des Chantiers et Ateliers.*

325.

Veillera à ce que les Commis soient assidus aux Chantiers et Ateliers.

Le commissaire préposé aux chantiers et ateliers tiendra soigneusement la main à ce que les commis, sous ses ordres, soient assidus aux chantiers et ateliers auxquels ils auront été affectés, entrent dans l'arsenal avec les ouvriers et n'en sortent qu'avec eux, qu'ils soient exacts à faire les appels des ouvriers, journaliers, canotiers, gardiens des vaisseaux, d'ateliers, de magasins ou autres, et consignes des portes, et qu'ils suivent avec la plus grande attention l'emploi du temps des ouvriers et celui des matières.

326.

Donnera des billets aux Ouvriers pour leur destination.

Il donnera des billets aux ouvriers, pour qu'ils soient admis par les directeurs des détails aux chantiers et ateliers de l'arsenal.

327.

Tiendra une matricule des Ouvriers.

Il tiendra une matricule des ouvriers, dont le port sera le chef-lieu, sur laquelle il apostillera les divers changements qui surviendront dans la paie et la destination desdits ouvriers.

328.

Emploiera quelques Apprentis.

Sa Majesté voulant, pour le bien de son service, qu'il se forme toujours de nouveaux ouvriers, l'autorise à employer un dixième d'apprentis dans le nombre des ouvriers employés de toute espèce, pourvu toutefois que lesdits apprentis soient en âge d'apprendre et capables de se perfectionner. Les fils d'ouvriers au service du Roi, seront préférés, et leur paie sera augmentée à proportion qu'ils deviendront plus habiles. Défend Sa Majesté, sous peine de punition, aux maîtres sous lesquels ils travailleront, de rien exiger d'eux, sous quelque prétexte que ce soit.

329.

Visera les billets des demandes

Il visera tous les billets des demandes de matières, munitions ou effets qui seront faites par les officiers de vaisseau, de port ou ingénieurs-constructeurs préposés à la direction des ateliers et des chantiers.

qui seront faites pour les Chantiers et Ateliers.

330.

Fera recette des matières apportées aux Chantiers et Ateliers, et en suivra l'emploi.

Il fera recette des matières et effets qui seront apportés du magasin général, sur lesdites demandes, dans les chantiers et ateliers; en suivra l'emploi dans leur convertissement ou travail, et remettra à la charge du garde-magasin les ouvrages qui en proviendront, à mesure qu'ils seront fabriqués, ou en portera l'emploi sur son registre si les ouvrages ont été destinés à rester attachés au corps des vaisseaux ou autres bâtiments.

331.

Fera mettre à part les bois, fers, etc., provenant des démolitions.

Il aura soin que les bois, fers et autres matières provenant des démolitions, soient rapportés aux lieux convenables, et que les parties qui seront hors de service, soient séparées de celles qui pourront encore servir, de même que les meubles, serrures et ustensiles quelconques, et il en fera faire recette au magasin général; et s'il se trouve quelque chose de manque, il en donnera avis à l'intendant, pour que le prix en soit retenu sur la paie de qui il appartiendra.

332.

Aura la police des prisons.

Il sera chargé de la police des prisons de l'arsenal; il fera enregistrer l'entrée et la sortie de chaque prisonnier; et le géolier lui fera tous les matins le rapport des gens qui, la veille, auront été mis en prison.

333.

Il se conformera au surplus à tout ce qui lui est prescrit au *titre IV* de la présente Ordonnance.

## TITRE XV.

*Des Commissaires préposés au Bureau des Fonds et Revues, à celui des Armements et Vivres, et à celui des Hôpitaux et Chiourmes.*

334.

Se conformeront à l'Ordonnance de 1765 et aux Instructions de l'Intendant.

LES commissaires préposés au bureau des fonds et revues, à celui des armements et vivres, et à celui des hôpitaux et chiourmes, se conformeront, tant à ce qui est prescrit, pour les fonctions dont ils sont chargés, par l'Ordonnance du 25 mars 1765, *concernant la marine,* en ce qui n'est pas contraire à la présente, qu'aux instructions particulières qui leur seront données par l'intendant; et ils tiendront la main à ce que les commis, sous leurs ordres, soient assidus à leurs bureaux ou ateliers, et remplissent exactement les fonctions qui leur seront prescrites.

## TITRE XVI.

*Du Garde-Magasins.*

335.

Le Garde-magasins sera chargé de la garde de toutes les marchandises et munitions.

LE garde-magasins sera chargé de la garde de toutes les marchandises, munitions et effets quelconques appartenants à Sa Majesté, dans l'arsenal ou hors de l'arsenal, à l'exception du corps des vaisseaux et autres bâtiments flottants et des machines établies dans le port à leur usage, lesquels seront, sous l'autorité du commandant, à la charge et garde du directeur de port.

336.

Tiendra deux Registres, l'un de l'entrée, l'autre de la sortie des Effets.

Il tiendra deux registres exacts, l'un de l'entrée et l'autre de la sortie de toutes les marchandises et munitions, lesquels seront cotés et paraphés par l'intendant : ces registres seront tenus avec l'ordre et la netteté nécessaires pour voir en tout temps, et jour par jour, ce qui sera entré dans les magasins, et ce qui en sera sorti.

TITRE XVI.

337.

Veillera à l'arrangement et conservation des Effets.

Il s'appliquera avec soin à conserver ce qui sera entré dans les magasins, en mettant toutes choses à leur place et aux lieux propres à leur conservation; et dans cette disposition, il observera de les arranger en sorte qu'elles puissent être délivrées avec facilité.

338

Sera présent à la réception et délivrance des marchandises.

Il sera toujours présent à la réception et délivrance des marchandises et munitions quelconques, aura soin que ses commis, de l'exactitude et fidélité desquels il demeurera responsable en son propre et privé nom, fassent chacun leur devoir dans les fonctions qui leur seront prescrites; donnera son avis sur la qualité de tout ce qui entrera dans les magasins, et prendra garde que les poids, jauges et aunages soient justes.

339.

Fera l'enregistrement de la Recette par quantité, poids et mesures.

Il fera l'enregistrement de la recette dans un journal, pour être portée à la fin du jour dans son grand livre, dans lequel il spécifiera les quantité, poids et mesures des marchandises et munitions, et le nom de ceux qui les auront fournies : comme aussi les quantité, poids et mesures des ouvrages qui auront été livrés par les divers ateliers de l'arsenal, en y spécifiant la quantité de déchet que les matières auront éprouvé par leur convertissement; et par rapport aux effets qui proviendront des démolitions, des désarmements, etc., le nom du vaisseau ou tout autre bâtiment dont ils seront provenus.

340.

Fera pareil enregistrement pour la Dépense.

Il observera la même chose pour la dépense, et spécifiera le nom des vaisseaux et autres bâtiments, et l'espèce de service pour lequel les marchandises et munitions seront délivrées; comme aussi les noms des ateliers, ou celui de l'ouvrier dans le cas où des ouvrages seraient faits hors de l'arsenal, auxquels il délivrera des matières pour être travaillées ou converties.

TITRE XVI.

341.

Appellera le Contrôleur pour la délivrance des matières et effets.

Il ne pourra délivrer ni matières ni effets, qu'il n'y ait appelé le contrôleur ou son commis; lequel en fera l'enregistrement de son côté, d'une manière uniforme et égale.

342.

Fera parapher ses Registres tous les soirs par le Commissaire et le Contrôleur, et arrêter toutes les semaines par l'Intendant.

Les registres de recette et de dépense seront paraphés tous les soirs et au bas de chaque page, par le commissaire préposé au magasin général, et par le contrôleur; et à la fin de chaque semaine, arrêtés par l'intendant qui écrira à côté des articles où il y aura quelque erreur, omission, déchet ou revenant-bon, les raisons d'où cela provient, et signera l'arrêté et le fera signer par le commissaire, le contrôleur et le garde-magasins.

343.

Tiendra un Registre de Balance.

Le garde-magasins tiendra un registre de balance, coté et paraphé par l'intendant, sur lequel il portera, à la fin de chaque mois, le montant, par récapitulation, des recettes et dépenses qui auront été faites de chaque nature de marchandises et de munitions, bien distinguées par leurs qualité, poids et mesure: ce registre sera vérifié tous les mois par le commissaire du magasin général et par le contrôleur; et l'intendant en signera tous les ans l'arrêté, et le fera signer par lesdits commissaires et garde-magasins, et par le contrôleur.

344.

Fera, à la fin de chaque année, un Inventaire général.

Le recensement ou inventaire général qui sera fait à la fin de chaque année, de tout ce qui se trouvera dans les magasins sera arrêté et signé, comme il a été dit à l'article précédent.

345.

Comparaison de la Balance avec l'Inventaire.

Au commencement de chaque année, l'intendant vérifiera si chaque espèce de marchandises et de munitions qui doit, suivant la balance, rester en nature dans les magasins, s'y trouve effectivement: il le conférera avec le recensement ou inventaire général; et en cas qu'il y remarque quelque différence et quelque manquement, il en fera mention au bas de l'arrêté final du registre.

TITRE XVI.

346.

Se chargera, par des Inventaires particuliers, des choses non comprises dans les Registres.

Le garde-magasins se chargera, par des inventaires particuliers, des meubles, ustensiles, et généralement de toutes les choses qui ne seront point comprises dans les registres de recette et de dépense du magasin, ou qui pourront se trouver hors de l'arsenal, dans les hôpitaux, bagnes ou ailleurs. Il tiendra registre, mais *pour mémoire* seulement, des corps des vaisseaux et autres bâtiments désarmés dans le port, appartenants à Sa Majesté, et des machines établies à leur usage, soit que lesdits vaisseaux y aient été construits ou qu'ils aient été achetés, ou pris sur les ennemis : il marquera leur sortie lorsqu'ils devront être affectés à un autre port ; ou l'époque de leur vente, lorsque Sa Majesté aura jugé à propos de les céder à des particuliers ; ou celle de leur dépècement, quand ils auront été jugés entièrement hors de service. Il tiendra pareillement registre, et *pour mémoire* seulement, des différents effets à l'usage des manœuvres et opérations du port, déposés dans les pontons ou ailleurs, à la charge et garde du directeur de port, ainsi que de ceux qui resteront à bord des vaisseaux désarmés dans le port, desquels ledit directeur lui aura donné une reconnaissance visée du directeur général et du commandant.

347.

Délivrera les Effets d'Armement aux divers Maîtres, en présence d'un Officier de chaque Vaisseau.

Dans les armements, il délivrera aux divers maîtres, en présence d'un officier de chaque vaisseau, les agrès, apparaux, ustensiles et munitions contenus en l'inventaire d'armement qui lui sera remis, et qui aura été dressé conformément aux états arrêtés par Sa Majesté sur ce sujet. A l'égard des emménagements, armoires, coffres, serrures, rouets de cuivre ou autres pièces du même métal, et tous autres effets attachés au corps du bâtiment, dont le directeur de port est chargé dans les vaisseaux désarmés dans le port, et desquels le garde-magasins a en main la reconnaissance dudit directeur, il les portera pareillement sur l'état d'inventaire du vaisseau en armement ; et rendra audit directeur la reconnaissance qu'il en avait reçue, au bas de laquelle ledit garde-magasins mettra son certificat de réception, qui sera visé du commissaire du magasin général, et remis au directeur de port pour lui servir de décharge.

TITRE XVI.

348.

En retirera sa décharge.

Le contenu en l'inventaire d'armement ayant été délivré, l'officier chargé du détail du vaisseau, remettra au magasin général un double dudit inventaire, signé de lui, de chaque maître, pour les articles dont chacun d'eux sera chargé, et visé du capitaine, pour la décharge du garde-magasins.

349.

Recevra au désarmement les Effets remis dans les Magasins, et prendra une décharge de ceux qui resteront à bord.

Lors des désarmements, le garde-magasins recevra, savoir; au magasin général, les effets qui devront y rentrer; dans les magasins à poudre et autres magasins de l'artillerie, ceux qui appartiennent à ce détail; dans le magasin particulier de chaque vaisseau, ceux qui devront y être remis, ayant été jugés en état de servir pour une autre campagne; dans un magasin séparé, les effets rebutés ou jugés hors de service pour un autre armement, et où ils seront réservés pour les usages du port; enfin dans le vaisseau, les armoires, coffres, serrures et autres effets attachés au corps du bâtiment et qui doivent y rester. Il donnera au capitaine de chaque vaisseau et à l'officier chargé du détail, ainsi qu'aux divers maîtres, un certificat de réception pour leur décharge, des effets dont ils s'étaient chargés lors de l'armement, et qui auront été remis dans lesdits magasins, ou laissés dans le vaisseau; et lesdits certificats du garde-magasins seront visés du commissaire du magasin général: le garde-magasins de son côté, se fera donner par le directeur de port, une reconnaissance signée de lui, et visée du directeur général et du commandant, des effets qui seront restés à bord de chaque vaisseau, à la charge et garde dudit directeur de port; et le garde-magasins se chargera et demeurera chargé de tous les autres effets neufs, mi-usés ou de rebut, qui auront été déposés, soit dans le magasin particulier du vaisseau, soit dans tous autres magasins.

350.

Aura grand soin des Inventaires d'Armements et de Désarmement.

Il aura soin de conserver les inventaires d'armement et de désarmement où seront portés les consommations et les remplacements faits pendant la campagne, ainsi que les registres qui en présenteront le détail.

351.

Gardera les clefs des Magasins.

Il gardera soigneusement les clefs des magasins qui lui sont confiés, et il n'en permettra l'entrée qu'aux officiers qui doivent l'avoir, et aux heures de travail; et au cas qu'il fût nécessaire d'y entrer à d'autres heures, pour quelque occasion de service, il en prendra l'ordre de l'intendant.

352.

Ne délivrera rien sans l'ordre de l'Intendant ou du Commissaire du Magasin.

Lui défend Sa Majesté de recevoir ou délivrer aucunes marchandises ni munitions, sans un ordre par écrit de l'intendant ou du commissaire préposé au magasin général, à peine de les payer.

353.

Ne prêtera ni ne vendra aucuns Effets à qui que ce soit.

Lui défend pareillement Sa Majesté de faire aucuns prêts ni vente d'effets des magasins à qui que ce puisse être, sans un ordre exprès de l'intendant, à peine d'en répondre et de cassation.

354.

Tiendra trois Registres, l'un pour les Effets délivrés à des Ouvriers hors de l'Arsenal; l'autre, pour les Effets vendus; et le troisième, pour ceux prêtés.

Il tiendra trois registres particuliers, cotés et paraphés comme les autres; sur l'un, il écrira les marchandises qui pourront être délivrées à des ouvriers pour les travailler hors de l'arsenal, ou à-compte des ouvrages qu'ils doivent fournir; sur un autre, celles qui seront vendues à des particuliers, ou qui seront délivrées pour des services dont la marine ne devant pas supporter la dépense, aura à en répéter le paiement; et enfin sur le troisième, les marchandises et munitions prêtées à des particuliers, à charge de les rendre ou de les remplacer; et il ne recevra des particuliers ou des ouvriers, aucuns billets volants, mais les fera obliger sur le registre à côté de chaque article, et les déchargera à mesure qu'ils rendront ou paieront ce qu'ils auront reçu. Ces registres seront arrêtés tous les trois mois par le commissaire du magasin général, qui sera chargé, ainsi que le contrôleur, de poursuivre le recouvrement des effets du Roi, ou de leur prix; et l'intendant arrêtera tous les mois lesdits registres. Le garde-magasins aura soin de porter en dépense les effets compris dans les deux premiers registres énoncés ci-dessus.

355.

Enregistrera, jour par jour,

Il aura aussi un registre particulier, également coté et paraphé, les certificats qu'il donnera.

pour enregistrer jour par jour, tous les certificats qu'il donnera aux particuliers, afin d'éviter la confusion qui se rencontre souvent dans l'expédition de plusieurs certificats pour une même chose.

356.

Remettra ses Registres à l'Intendant, en quittant son Emploi.

Lorsqu'il quittera son emploi, il remettra ses registres à l'intendant, et lui rendra un compte exact de tout ce dont il aura été chargé : et au cas qu'il se trouvât reliquataire, l'intendant, après avoir pris les sûretés nécessaires, en informera le secrétaire d'état ayant le département de la marine, pour recevoir les ordres de Sa Majesté.

---

# TITRE XVII.

## *Du Contrôleur.*

357.

Le Contrôleur inspectera les Recettes, Dépenses, etc.

Le contrôleur aura inspection sur toutes les recettes et dépenses, achats et emploi des marchandises, et sur l'emploi du temps des ouvriers et journaliers, desquels il fera des revues particulières lorsqu'il le jugera à propos, ainsi que des gardiens de vaisseaux et autres; et il assistera à tous les marchés qui seront faits, et à tous les comptes qui seront arrêtés par l'intendant.

358.

Sera présent à l'ouverture des Magasins, dont il aura une clef.

Il sera présent tous les jours, par lui ou par un de ses commis, à l'ouverture des magasins, desquels il aura une clef; et le soir ils seront fermés en sa présence.

359.

Aura un de ses Commis dans le Magasin général.

Un de ses commis tiendra, au magasin général, de semblables registres à ceux qu'il est prescrit au garde-magasins de tenir; excepté le livre de balance et celui pour l'enregistrement des certificats délivrés aux divers particuliers fournisseurs.

360.

Le Contrôleur arrêtera

Le contrôleur paraphera tous les soirs, et au bas de chaque page, sur les registres du garde-magasins, les recettes et dépenses qui seront faites pendant le jour; et à la fin de chaque semaine il les arrêtera, ainsi que les siens, avec l'intendant; et tous les mois, il vérifiera le livre de balance, et l'arrêtera tous les ans, pour reconnaître au juste ce qui reste dans les magasins, faisant mention des déchets et revenant-bons qui seront trouvés, et des causes d'où ils seront provenus.

les Recettes et les Consommations.

361.

Vérifiera la qualité et quantité des approvisionnements.

Il vérifiera ensuite par un recensement de chaque sorte de marchandises et munitions, si elles se trouvent en la qualité et quantité qu'elles doivent être, et si elles sont placées en lieu où elles se puissent conserver.

362.

Tiendra un Registre des Marchés.

Il tiendra un registre particulier de tous les marchés qui se feront pour fournir des marchandises aux magasins de Sa Majesté, ou pour faire quelques ouvrages; et il aura soin de poursuivre l'exécution des marchés, et d'avertir l'intendant des défauts et manquements qu'il pourrait y avoir, afin qu'il y soit pourvu.

363.

Conservera tous les Registres dans un bon ordre.

Il conservera dans un bon ordre tous les registres, contrats, marchés, adjudications et autres papiers et mémoires qui regarderont ses fonctions, et en tiendra un inventaire exact, afin qu'on puisse y avoir recours.

364.

Contrôlera tous les acquits servant à décharge.

Il contrôlera généralement tous les acquits, rôles, états et reçus servant à la décharge du trésorier général de la marine, et tiendra un registre exact et fidèle de la recette et dépense qui sera faite par le commis du trésorier pendant chaque année, dans le port où il sera établi.

365.

Se fera remettre par le Trésorier, des copies des ordres de fonds.

Il se fera remettre, par le trésorier général de la marine, les copies collationnées des états et ordres de fonds qui lui auront été envoyés; et à la fin de chaque année, il enverra au secrétaire d'état ayant le département de la marine, le registre de la recette et dépense qui aura été faite dans le port.

TIT. XVII.

366.

Assistera à l'arrêté des comptes du Trésorier, du Munitionnaire, et à tous les marchés.

Il assistera à l'arrêté des comptes du trésorier et du munitionnaire général de la marine, comme aussi à tous les contrats et marchés qui seront faits par l'intendant, en présence du conseil de marine, et les signera avec lui; il en examinera dans le conseil, les clauses et conditions, recevra les enchères et cautions qui seront présentées, et le marché sera adjugé à celui qui fera la condition de Sa Majesté meilleure.

367.

Fera le recouvrement de ce qui sera dû par prêt ou vente.

Il fera les poursuites et diligences nécessaires pour le paiemen de ce qui se trouvera dû à Sa Majesté, soit par les ouvriers travaillant hors de l'arsenal, à qui le garde-magasins délivre les marchandises à compte des ouvrages qu'ils doivent fournir, soit par les particuliers à qui il aurait été prêté ou vendu des marchandises, munitions et autres effets appartenants à Sa Majesté, en quelque manière que ce puisse être, à peine de répondre des pertes qui pourraient arriver par sa faute et négligence.

368.

Enregistrera les Commissions et Brevets.

Il enregistrera toutes les commissions et les brevets accordés par Sa Majesté aux officiers de la marine et autres entretenus, et mettra l'enregistrement en abrégé au dos, afin d'y avoir recours en cas de besoin.

369.

Sera présent aux Revues des Officiers et des Troupes.

Il sera présent aux revues des officiers, des ingénieurs-constructeurs, des compagnies des gardes du pavillon et de la marine, des compagnies de bombardiers et d'apprentis-canonniers, des compagnies de la division du corps royal d'infanterie de la marine, et des officiers-mariniers et autres entretenus dans le port; il en signera les extraits, conjointement avec l'intendant, et il prendra garde qu'il n'y ait que les présents qui y soient employés, à peine d'interdiction.

370.

Sera présent aux Revues d'Equipages.

Il sera également présent aux revues et montres des états-majors et équipages des vaisseaux, prendra garde que le nombre des officiers-mariniers, canonniers, matelots et les détachements de soldats, soient complets; qu'il n'y ait aucun passe-volant, et qu'ils soient tous en état de servir.

371.

Examinera si les Vivres embarqués sont de bonne qualité.

Il examinera si les vivres qui sont embarqués sur les vaisseaux de Sa Majesté, sont en la quantité ordonnée et de la qualité requise.

372.

Sera présent au paiement de l'armement et du désarmement.

Lors de l'armement et du désarmement des vaisseaux, il tiendra la main à ce que les officiers-majors et équipages, soient payés par le trésorier, à l'armement à bord; et au désarmement, dans le bureau des armements et vivres, suivant l'état qui en sera arrêté.

373.

Verra si les agrès sont remis au Magasin.

Il prendra garde que les agrès et autres effets qui devront être rapportés dans les divers magasins après le désarmement, y soient distribués, conformément à ce qui aura été fixé dans le procès-verbal de la visite desdits effets, et y soient classés, rangés et conservés dans l'ordre qui aura été prescrit, pour y demeurer à la charge du garde-magasins.

374.

Visitera les Ouvrages et assistera aux toisés.

Il visitera tous les ouvrages que Sa Majesté fera faire, soit pour les vaisseaux, soit aux bâtiments civils; assistera aux toisés et à leur réception; sera présent aux paiements qui en seront faits, et ne pourra s'en dispenser, sous quelque prétexte que ce puisse être.

375.

Sera le Secrétaire du Conseil de Marine.

Le contrôleur assistera à tous les conseils de marine; il en sera le secrétaire, et en portera les délibérations sur des registres particuliers qu'il tiendra à cet effet : il n'y aura pas de voix, excepté dans le cas où s'agissant de marchés et d'adjudications, il aura voix délibérative en sa qualité de contrôleur.

# TITRE XVIII.

## *Du Conseil de Marine permanent.*

376.

Les Conseils de Marine seront maintenus et conservés.

Le conseil de marine établi dans chacun des ports de Brest, Toulon et Rochefort, duquel Sa Majesté, par l'article 5 de son Ordonnance du 8 novembre 1774, s'était réservé de régler définitivement les fonctions, et auquel elle avait attribué provisoirement celles du conseil de construction, établi par des ordonnances antérieures, sera et demeurera maintenu et conservé sous la dénomination de *conseil de marine;* et exercera dans chaque port, les fonctions qui lui sont attribuées définitivement par la présente ordonnance.

377.

De quels Officiers il sera composé.

Les officiers qui composeront le conseil de marine, seront : le commandant du port, qui le présidera toujours; l'intendant, qui prendra séance après le président; le directeur général de l'arsenal; le commissaire général des ports et arsenaux de marine, qui prendra séance après le directeur général, soit qu'il la prenne en sa qualité de commissaire général, soit qu'il supplée l'intendant en cas d'absence; et le major de la marine et des armées navales.

Le contrôleur de la marine sera le secrétaire du conseil, et n'aura pas de voix, excepté dans les cas où il s'agira de marchés et d'adjudications.

378.

Les Membres permanents, par qui suppléés.

L'intention de Sa Majesté étant que les membres permanents du conseil soient toujours au nombre de cinq; en cas d'absence, le commandant du port sera suppléé par le directeur général qui présidera le conseil; celui-ci par le directeur particulier le plus ancien dans l'ordre des capitaines de vaisseau; l'intendant, par le commissaire général; celui-ci par le plus ancien des commissaires ordinaires; et le major de la marine, par le major de la division du corps-royal d'infanterie de la marine, ou par l'officier qui le suppléera dans l'ordre du service. Les commissaires prendront rang après les capitaines de vaisseau.

379.

Quelles personnes pourront être appelées au Conseil, avec voix délibérative.

Indépendamment des cinq membres perpétuels, le conseil appellera les directeurs et sous-directeurs des trois détails, et les commissaires départis aux cinq bureaux de l'arsenal, suivant la nature des objets qui devront être examinés et discutés dans le conseil, ou des comptes qui devront y être rendus. Il pourra pareillement appeller des capitaines de vaisseau, autres que ceux attachés aux trois directions et des lieutenants, en évitant toutefois le trop grand nombre et la confusion : lesdits directeurs, sous-directeurs, capitaines ou lieutenants de vaisseau, et commissaires, ainsi appelés pour être membres du conseil, y auront voix délibérative.

380.

Cas où il s'agira de construction ou d'objets y relatifs.

Lorsqu'il s'agira de construction ou d'objets y relatifs, le conseil appellera l'ingénieur-constructeur en chef, ou en son absence le plus ancien des ingénieurs-constructeurs ordinaires, qui, dans ce cas, aura voix délibérative.

381.

Tous Officiers ou autres appelés par le Conseil, seront tenus de s'y rendre.

Tous autres officiers, ingénieurs-constructeurs ou entretenus dans le port, s'ils sont appelés par le conseil, seront tenus de s'y rendre, pour y donner leur avis, ou répondre aux questions qui leur seront faites, dans le cas où ledit conseil devra examiner des objets relatifs au détail auquel ils seront attachés, ou sur lesquels il estimera qu'ils peuvent avoir des connaissances particulières : les officiers et ingénieurs-constructeurs qui seront ainsi appelés, ne prendront point séance, seront assis hors de rang à côté du président, et se retireront lorsqu'ils auront donné leur avis, ou répondu aux questions qui leur auront été faites.

382.

Entrée dans la Salle du Conseil à des Officiers nommés par le Commandant.

Pourra le commandant du port, suivant la nature des objets qui devront être traités dans le conseil, donner entrée dans la salle dudit conseil, à quelques lieutenants et enseignes qu'il aura nommés, lesquels y assisteront pour leur instruction, debout et en silence.

TIT. XVIII.

383.

Lieu de l'assemblée.

Le conseil s'assemblera dans l'hôtel du président.

384.

Conseils fixes et Conseils extraordinaires.

Il sera tenu un conseil tous les quinze jours; et indépendamment des conseils fixes, le commandant assemblera le conseil toutes les fois qu'il le jugera convenable au bien du service, ou lorsqu'il en sera requis par l'intendant.

385.

Annonce des objets à examiner.

Le président aura soin d'annoncer, à la fin de chaque séance, les questions prévues qui devvont être agitées à la séance suivante.

386.

Les Plans et Devis de tous Bâtiments de mer, seront examinés par le Conseil.

Il ne pourra être construit aucun vaisseau, frégate ou autres bâtiments, que le plan n'en ait été examiné par le conseil de marine de l'un des trois ports de Brest, Toulon ou Rochefort : en conséquence, lorsqu'un ingénieur-constructeur en chef, un ingénieur ordinaire ou sous-ingénieur, aura été chargé de dresser le plan d'un vaisseau, ou autre bâtiment, il sera tenu de soumettre son plan à l'examen du conseil de marine : et si ledit ingénieur-constructeur n'est pas résidant dans l'un des trois grands ports, il adressera son plan au directeur des constructions du port le plus prochain, pour être par celui-ci présenté au conseil de marine. Ce plan sera double, parfaitement semblable et accompagné des calculs, ainsi que de deux devis qui seront pareillement doubles, l'un des bois et des fers nécessaires pour son exécution, avec leurs dimensions et les proportions de la mâture; et l'autre de la disposition des logements. Ces plans et devis, soit que l'ingénieur-constructeur qui les aura adressés soit résidant dans le port, ou qu'il réside hors du département, seront approuvés du directeur des constructions et de l'ingénieur-constructeur en chef, et visés du directeur général, avant que d'être présentés au conseil.

387.

Injonction aux Conseils de veiller à ce que les dimensions principales

Enjoint Sa Majesté aux conseils de marine, établis dans ses trois ports de Brest, Toulon et Rochefort, de tenir exactement la main à ce que les ingénieurs-constructeurs assujétissent scrupuleusement les dimensions principales des vaisseaux de même rang, et des frégates de même force, d'où dépendent les proportions de la mâture et des agrès, à des mesures uniformes et invariables qui seront fixées par un réglement particulier de Sa Majesté, de manière que tous les agrès, apparaux, mâtures et affûts d'un vaisseau ou d'une frégate, puissent servir indistinctement à tous les vaisseaux du même rang, à toutes les frégates de même force.

soient exactement les mêmes pour tous les Vaisseaux de même rang et les Frégates de même force.

388.

Le conseil nommera quelques-uns de ses membres, ou tels autres commissaires qu'il lui plaira choisir, pour faire un examen particulier desdits plans et devis; et lesdits commissaires en feront leur rapport par écrit au conseil. Tous les membres signeront les deux plans et les deux devis doubles, lesquels; ainsi que le rapport des commissaires et l'avis du conseil, seront envoyés par le président au secrétaire d'état ayant le département de la marine, qui fera connaître les intentions de Sa Majesté au commandant et à l'intendant.

Tous les Membres signeront auxdits Plans et Devis.

389.

Les plans et devis doubles ayant été approuvés par Sa Majesté, et renvoyés dans le port au commandant, le directeur des constructions présentera au conseil les états qu'il aura fait dresser du nombre des ouvriers, et de la qualité et quantité des matières nécessaires pour la construction ordonnée, conformément à ce qui est prescrit au *titre IV* de la présente Ordonnance. Lesdits états seront examinés et comparés aux plans et devis, soit dans le conseil, soit par les commissaires qu'il plaira au conseil de nommer, pour en faire l'examen et le rapport; et si ledit conseil approuve lesdits états, et ne trouve aucune réduction à y faire, ils seront visés par le commandant, et remis ensuite à l'intendant.

Le Conseil examinera les demandes d'Ouvriers et des matières relatives aux constructions.

390.

Il en sera usé de même pour les états d'ouvriers et de matières qui seront demandés par le directeur de port et par celui de l'artillerie, relativement aux ouvrages dépendants de leurs directions, qu'il sera nécessaire d'exécuter pour pourvoir au grément, équipement et armement du vaisseau, et généralement dans tous les cas où

En usera de même pour les demandes d'Ouvriers et de matières relatives aux ouvrages dépendants des Détails du Port et de l'Artillerie.

TIT. XVIII. il s'agira de constructions, refontes, radoubs ou autres ouvrages considérables.

391.

Se fera rendre compte, par chaque Directeur, du progrès des Ouvrages et des visites et recettes qui auront été faites.

Le conseil se fera rendre compte par les trois directeurs, toutes les fois qu'il le jugera à propos, de l'avancement des ouvrages qui devront être exécutés dans leur direction respective, ainsi que des visites qui auront été faites des vaisseaux et autres bâtiments désarmés dans le port, dans les magasins particuliers des vaisseaux ou autres, et dans ceux de l'artillerie; il se fera pareillement rendre compte, par le commissaire des chantiers et ateliers, et celui du magasin général, des différentes recettes de matières, munitions, marchandises et ouvrages qui auront été faites dans l'intervalle de deux conseils.

392.

Nommera des Commissaires pour les visites des Vaisseaux en construction.

Il sera fait deux visites des vaisseaux en construction; la première, lorsque le vaisseau sera monté en bois tors; la seconde, lorsqu'il sera entièrement achevé. Le conseil nommera, pour chaque visite, trois capitaines de vaisseau, qui seront accompagnés par le directeur des constructions, l'ingénieur-constructeur en chef et l'ingénieur-constructeur qui construira le vaisseau. Les commissaires nommés par le conseil, examineront, à chaque visite, si le constructeur s'est exactement conformé au plan qui avait été présenté au conseil et approuvé par Sa Majesté, et ils feront leur rapport sur la manière dont la construction aura été exécutée, sur ce qu'il pourrait y avoir à desirer dans la solidité et la perfection de l'ouvrage, à quoi il serait possible de remédier; et leur rapport, ainsi que l'avis du conseil sur ladite construction, seront envoyés, par le président, au secrétaire d'état ayant le département de la marine.

393.

Examinera l'Etat général de la Dépense de chaque Vaisseau qui sera construit.

Le directeur général remettra au conseil l'état général de la dépense à laquelle auront monté ensemble la construction, le gréement et l'équipement du vaisseau ou tout autre bâtiment; lequel état aura été formé des trois états particuliers qui lui auront été fournis par les directeurs; et l'intendant remettra pareillement au conseil, l'état général qui lui aura été remis par le commissaire des chantiers et ateliers. Ces deux états seront comparés entre eux et avec les devis, par les commissaires que le conseil aura nommés pour procéder à cet examen; et sur le rapport des commissaires, le conseil donnera son avis qui sera transcrit au bas de chaque état, et signé de tous les membres : l'état du directeur général sera déposé au contrôle de la marine, afin qu'on puisse y avoir recours au besoin; et celui du commissaire des chantiers et ateliers sera envoyé par l'intendant au secrétaire d'état ayant le département de la marine.

394.

Les Constructions faites à l'entreprise, quand payées.

Lorsqu'une construction aura été faite à l'entreprise, en tout ou en partie, le paiement n'en pourra être achevé qu'après que la visite et le rapport des commissaires nommés par le conseil, auront constaté que l'ouvrage est bon, valable, et bien conditionné dans toutes ses parties. Dans ce cas, et dans le cas contraire, il sera dressé un procès-verbal pour constater la bonté de l'ouvrage ou ce qui manque à sa perfection; et le paiement n'en sera achevé qu'après que ledit procès-verbal aura été envoyé par le président au secrétaire d'état ayant le département de la marine, qui fera connaître les intentions de Sa Majesté au commandant et à l'intendant.

395.

Devis des Vaisseaux à radouber, examinés par le Conseil, et visite desdits Vaisseaux.

Les refontes, radoubs et autres ouvrages considérables, ne pourront être exécutés qu'après que leur nécessité aura été discutée dans le conseil de marine, et que le devis des dépenses nécessaires y aura été examiné; à l'effet de quoi, le conseil nommera trois capitaines de vaisseau et un ou deux ingénieurs-constructeurs ordinaires, auxquels se réuniront le directeur des constructions et l'ingénieur-constructeur en chef, pour faire la visite des bâtiments qu'il sera question de réparer : le rapport desdits commissaires et la délibération du conseil, seront envoyés par le président au secrétaire d'état ayant le département de la marine, qui fera connaître les intentions de Sa Majesté au commandant et à l'intendant.

396.

Cas de réparations urgentes.

Dans le cas où le rapport des commissaires indiquerait des réparations urgentes à faire à quelqu'un des bâtiments visités, le commandant, sur la délibération du conseil, donnera ses ordres pour qu'il soit procédé sans délai auxdites réparations.

397.

Il en sera usé, pour les raboubs, comme pour les constructions.

Lorsque les refontes, radoubs et autres ouvrages considérables auront été ordonnés par Sa Majesté, le conseil de marine et les directeurs des détails, chacun pour sa partie, se conformeront en tous points à ce qui a été prescrit par les précédents articles, pour les constructions entières.

398.

Les devis des ouvrages à faire aux Bâtiments civils, seront examinés dans le Conseil.

A l'égard des constructions nouvelles, réparations et ouvrages considérables à faire aux batteries du port et de la rade, à l'arsenal, aux quais, cales et bassins, et à tous bâtiments civils appartenants au Roi; ils ne pourront être exécutés qu'après que leur nécessité aura été discutée dans le conseil de marine, auquel aura été appelé, pour être ouï, l'ingénieur en chef des bâtiments civils, et après que le devis des dépenses nécessaires y aura été examiné : à l'effet de quoi, le conseil nommera quelques-uns de ses membres, ou tels autres officiers qu'il jugera à propos de commettre, pour faire la visite des bâtiments civils, quais, bassins, batteries, etc., qu'il sera question de réparer; et ensuite l'avis qui aura été pris, sera envoyé par le commandant et l'intendant, chacun séparément, au secrétaire d'état ayant le département de la marine, qui leur fera connaître à l'un et à l'autre les intentions de Sa Majesté : et si l'exécution desdits ouvrages est approuvée, le paiement n'en pourra être fait qu'après qu'ils auront été examinés par les commissaires que le conseil avait chargés de la visite faite antérieurement pour en constater la nécessité.

399.

Tous Marchés, adjudications et Traités, seront faits en présence du Conseil.

Les marchés et adjudications de tous les ouvrages et approvisionnements, et tous les traités pour fournitures quelconques, au-dessus de la somme de quatre cents livres, seront faits et arrêtés par l'intendant, en présence du conseil : et lesdits marchés, traités et adjucations seront revêtus de la signature de tous les membres du conseil; ils seront faits doubles, et envoyés par l'intendant au secrétaire d'état ayant le département de la marine, qui les renverra revêtus de son approbation, si les marchés, adjudications et traités sont approuvés par Sa Majesté.

400.

Marchés au-dessous de la somme de quatre cents livres.

Le conseil nommera tous les mois trois de ses membres, ou tels autres officiers qu'il lui plaira commettre, pour assister pendant le mois, aux marchés d'ouvrages ou de fournitures dont le prix n'excédera pas la somme de quatre cents livres; et les commissaires nommés par le conseil, signeront lesdits marchés et en feront leur rapport au conseil à la première séance.

401.

Le projet d'Approvisionnement pour chaque année, sera présenté au Conseil.

Il sera remis au conseil par l'intendant, dans le courant du mois d'août, un projet de tous les bois, chanvres, fers, canons, armes, poudre de guerre, munitions et marchandises quelconques, nécessaires pour la construction, l'armement, la garniture, les rechanges et l'entretien de tous les vaisseaux et autres bâtiments que Sa Majesté a résolu d'avoir, et pour les remettre en état de naviguer et combattre lorsqu'ils viendront désagréés ou dépourvus de munitions ensuite d'un mauvais temps ou d'un combat; et outre l'état des bois estimés nécessaires pour les radoubs ordinaires, il y sera joint un état d'approvisionnements suffisants pour la construction nouvelle du nombre des vaisseaux et autres bâtiments que Sa Majesté réglera, lesquels états auront été dressés en conséquence des états de constructions, radoubs, armements et autres ouvrages qui auront été ordonnés par Sa Majesté : copie desdits états sera annexée à l'état d'approvisionnement, lequel après avoir été examiné par le conseil qui donnera son avis sur icelui, sera arrêté par l'intendant en présence dudit conseil, signé par tous les membres, et envoyé, ainsi que l'avis du conseil, par ledit intendant, au secrétaire d'état ayant le département de la marine.

402.

Modèles, échantillons et affiches.

Il sera choisi des échantillons et modèles de chaque marchandises, armes et munitions dont le port devra être approvisionné, lesquels seront présentés au conseil qui donnera son avis sur iceux.

TIT. XVIII.

403.

Où et comment les affiches mises et publiées.

Il sera dressé des affiches qui contiendront les espèces et les quantités des différentes marchandises dont le port aura besoin d'être pourvu : ces affiches seront publiées et mises dans les places publiques des villes et bourgs du voisinage des arsenaux : elles seront insérées dans les papiers publics, et il en sera envoyé aux négociants des villes les plus commerçantes de la province et des lieux où les marchandises sont les plus abondantes, en sorte qu'ils puissent faire leurs offres, et qu'on ait le temps de les recevoir avant le jour fixé pour l'adjudication au rabais de chaque espèce de marchandises ou de leur convertissement. Cette adjudication se fera tous les ans, au commencement du mois d'octobre.

404.

Forme des Adjudications.

Les premiers rabais seront reçus au jour nommé, en présence du conseil et portes ouvertes; et si la fourniture est considérable, il y aura trois remises de trois jours chacune : l'adjudication sera faite par l'intendant, à l'extinction de la bougie, au moins disant à la troisième remise dont il sera délivré des actes en forme par le secrétaire du conseil, en sa qualité de contrôleur de la marine, si dans les vingt-quatre heures ensuite il ne se présente plus personne pour rabaisser. Ledit acte sera signé par tous les membres du conseil, et copie en sera envoyée par l'intendant au secrétaire d'état ayant le département de la marine.

405.

Les modèles et échantillons cachetés et remis au Contrôleur.

Les échantillons ou modèles des marchandises seront apportés au conseil avant les adjudications; et après que chaque adjudication aura été faite, l'échantillon ou modèle de la marchandise sera cacheté du cachet du président du conseil, de celui de l'intendant, de celui du fournisseur et de celui du contrôleur de la marine, pour être ensuite gardé dans les magasins par les soins dudit contrôleur, afin qu'on puisse y avoir recours et en faire la confrontation lors des livraisons.

406.

Mêmes formalités pour les adjudications

Les publications et adjudications d'ouvrages qu'il y aura à faire aux batteries à la charge de la marine, aux ports, quais, formes, calles, édifices des arsenaux et bâtiments civils quelconques, appartenants à Sa Majesté, seront faites en présence du conseil, avec les mêmes formalités, sur les plans, profils et devis d'ouvrages et de dépenses qui auront été examinés par le conseil, et arrêtés par Sa Majesté.

d'ouvrages des Bâtiments civils.

407.

Défense aux Entrepreneurs de faire des associations.

Le conseil s'assurera que les entrepreneurs et ouvriers ne font aucunes associations pour raison des ouvrages que Sa Majesté fait faire dans le port, à moins que lesdits entrepreneurs et ouvriers n'en obtiennent la permission par écrit de l'intendant, dont il sera donné connaissance au conseil, et fait mention dans le marché; et les associations faites sans la permission donnée par l'intendant, et sans être venues à la connaissance du conseil, seront réputées nulles, et les ouvrages entrepris en conséquence, donnés à d'autres à la folle enchère des associés.

408

Toute vente de vieux Effets, faite en présence du Conseil.

Toute vente de vieux vaisseaux ou autres bâtiments, de vieux bois ou fers, et généralement de tous autres effets quelconques, jugés hors de service pour la marine du Roi, sera faite en présence du conseil, dans la forme prescrite par les articles précédents pour les adjudications de marchandises et ouvrages.

409

Même formalité pour la cession des Effets neufs.

A l'égard des effets neufs que Sa Majesté voudrait céder à des particuliers, le marché ne pourra être conclu qu'autant qu'il aura été passé en présence du conseil, et signé de tous les membres; et copie dudit marché et l'avis du conseil, seront envoyés par l'intendant au secrétaire d'état ayant le département de la marine.

410

Visite des Casernes, Hôpitaux et Bagnes, par les Commissaires du Conseil.

Le conseil nommera, quand il le jugera à propos, un capitaine et un lieutenant de vaisseau pour faire la visite des casernes, de l'hôpital et des galères, bagnes ou salle des forçats: ils en feront au moins une par semaine, et ne pourront s'en dispenser jusqu'à ce qu'ils aient été relevés dans cette fonction par d'autres officiers nommés par le conseil; ils seront accompagnés dans celle des casernes par un officier de la majorité, dans celle de l'hôpital par le commis-

TIT. XVIII.

saire, un médecin et un chirurgien de l'hôpital, et dans celle du bagne, par ledit commissaire préposé pareillement au détail des chiourmes. Ils goûteront le pain des soldats, et visiteront chaque chambrée; ils goûteront les aliments des malades, s'informeront si ces aliments sont distribués en la quantité réglée, et examineront la maniere dont lesdits malades sont tenus et soignés : ils se feront aussi représenter le pain des forçats, et verront si l'on se conforme à ce qui aura été réglé pour la qualité et quantité de la ration qui doit leur être fournie ; et du tout ils feront leur rapport par écrit au conseil; et dans le cas où ledit rapport annoncerait quelques négligences ou abus reconnus par les commissaires qui auront fait lesdites visites, l'intendant donnera les ordres nécessaires pour qu'il y soit pourvu et remédié.

411

Visite des Vivres par les Commissaires du Conseil.

Le conseil nommera, quand il le jugera à propos, un capitaine, un lieutenant et un enseigne de vaisseau pour faire la visite des vivres, soit des vivres neufs qui arriveront dans le port, soit de ceux qui proviendront des retours de campagnes. Les officiers commis par le conseil feront toutes les visites qu'il y aura à faire pendant le temps qu'ils seront en exercice, se transporteront au lieu qui sera désigné toutes les fois qu'ils en seront avertis, et feront chaque fois leur rapport au conseil.

412

Les différents Maîtres proposés pour l'entretien, seront examinés par le Conseil.

Lorsqu'il viendra à vaquer une place de maître entretenu, de quelque profession, art ou métier que ce soit, et de côme ou sous-côme de galères, aucun sujet ne pourra être proposé pour la remplir au secrétaire d'état ayant le département de la marine, qu'après que le conseil aura examiné les services, les talents et la capacité de tous les concurrents, ainsi que leurs certificats de mérite et de bonnes mœurs, signés des capitaines ou autres officiers commandant les vaisseaux, sous les ordres desquels ils auront servi; ou le certificat du directeur du détail auquel ils auront été attachés, et visé du directeur général et du commandant, ainsi que celui du commissaire des chantiers et ateliers, visé de l'intendant, si ce sont des gens employés dans lesdits chantiers et ateliers, ou aux mouvements du port: la préférence, à mérite égal, sera donnée au plus ancien, s'i est en état de servir. Le procès-verbal dudit examen, signé de tous les membres, ainsi que l'avis motivé du conseil, pour proposer le sujet qui aura paru le plus capable d'occuper la place vacante, seront envoyés par le président, au secrétaire d'état ayant le département de la marine, qui fera connaître les intentions de Sa Majesté au commandant et à l'intendant.

413

Tous examens et épreuves de Machines, seront faits par les Commissaires nommés par le Conseil.

Il ne sera fait aucun examen de machine ou de projet quelconque, ni aucune épreuve dans le port, que le conseil n'ait nommé tels commissaires qu'il voudra choisir, pour assister auxdits examens ou épreuves. Lesdits commissaires en feront leur rapport au conseil qui donnera son avis; et si l'objet est de quelqu'importance, lesdits rapports et avis du conseil seront envoyés par le président, au secrétaire d'état ayant le département de la marine.

414.

Les Membres du Conseil seront tenus de faire leur rapport des abus qui viendront à leur connaissance.

Tous les membres du conseil qui auront connaissance de quelqu'abus ou usage nuisible aux intérêts du Roi, seront tenus d'en faire leur rapport au conseil qui, si le cas le requiert, nommera des commissaires pour examiner l'affaire. Le rapport desdits commissaires et l'avis qui aura été pris, seront envoyés par le président au secrétaire d'état ayant le département de la marine.

415.

Conseil extraordinaire, pour examiner les Consommations et les Devis au retour des Campagnes.

Il sera tenu extraordinairement, après chaque campagne, un conseil de marine où seront appelés les commissaires départis au bureau du magasin général et à celui des armements et vivres, pour examiner les consommations et les devis des vaisseaux qui reviendront de la mer.

416.

L'Officier chargé du détail général d'une Escadre ou Armée, remettra au Conseil les Registres, Procès-verbaux, etc. pour y être examinés.

L'officier qui aura été chargé du détail général d'une armée navale, escadre ou division, remettra au conseil ses registres, ainsi que les procès-verbaux de marchés et achats de munitions ou effets, certificats des fournisseurs, et toutes autres pièces servant à justifier des remplacements et dépenses, afin que lesdites pièces soient examinées dans le conseil qui nommera des commissaires pour un plus ample examen, s'il le juge à propos. Ledit conseil vérifiera si ledit officier s'est exactement conformé à ce qui lui est prescrit par l'Ordonnance

TIT. XVIII.

de ce jour *pour régler les fonctions dont les officiers de la marine seront chargés sur les escadres et à bord des vaisseaux, relativement aux consommations et remplacements des munitions et des effets, et aux revues des équipages dans le cours des campagnes* : et dans le cas où ledit conseil aurait reconnu quelque manque de formalité ou contravention à ladite Ordonnance, et n'aurait pas approuvé les pièces qui lui auront été remises, ledit officier ne pourra être payé de ses appointements qu'après que Sa Majesté aura fait connaître ses intentions au commandant du port et à l'intendant.

417.

L'Officier chargé du détail particulier d'un Vaisseau, remettra au Conseil le Registre des Consommations et les Procès-verbaux.

L'officier qui aura été chargé du détail particulier de chaque vaisseau, remettra pareillement au conseil l'inventaire d'armement, le registre des consommations journalières, les feuilles séparées des articles des différents maîtres, mois par mois, signées d'eux, les procès-verbaux concernant les consommations dont l'objet aura été considérable, et les marchés et quittances des fournisseurs pour les achats et remplacements qui auront été faits dans la forme prescrite par l'Ordonnance de ce jour, citée dans le précédent article. Toutes lesdites pièces seront certifiées par l'officier chargé du détail et visées de l'officier commandant le vaisseau; et si ce sont des procès-verbaux de consommation ou de remplacements, elles seront en outre certifiées par tous les officiers de l'état-major, à défaut de quoi, elles seront regardées comme nulles et non avenues.

418.

Le Conseil nommera des Commissaires pour examiner les Consommations.

Le conseil sera chargé de vérifier la nature, la quantité et la nécessité desdites consommations; si les procès-verbaux sont revêtus des formes prescrites, et si les remplacements ont été faits avec les formalités exigées par la susdite Ordonnance : à l'effet de quoi, il nommera deux de ses membres auxquels se réunira le commissaire du magasin général, pour examiner dans le plus grand détail lesdites consommations et pièces qui les concernent, et en faire leur rapport dans un conseil qui sera indiqué par le président.

419.

L'Officier-commandant, l'Officier chargé

Dans le cas où, sur le rapport des commissaires du conseil, les consommations paraîtraient hors de la règle, où il aurait été manqué aux formalités pour les remplacements qui auront été faits, et où les intérêts du Rôi seraient lésés, soit par la négligence de l'officier-commandant et de celui chargé du détail, soit par malversation de la part des différents maîtres chargés des effets du Roi, il en sera dressé un procès-verbal, pour être envoyé par le président, ainsi que l'avis qui aura été pris par le conseil, au secrétaire d'état ayant le département de la marine; et dans ce cas, l'officier commandant le bâtiment, l'officier chargé du détail, et ceux des maîtres dont les consommations n'auront pas été approuvées par le conseil, ne pourront être payés de leurs appointements et solde, qu'après que Sa Majesté aura fait connaître ses intentions au commandant du port et à l'intendant.

du détail, et les Maîtres ne seront payés de leurs appointements et soldes, qu'après l'examen des Consommations.

420.

Certificat du Conseil, pour autoriser le paiement des appointements et soldes.

Dans le cas où toutes les consommations auront été approuvées, il en sera donné par le conseil un certificat dont copie sera envoyée par le président au secrétaire d'état ayant le département de la marine; et l'intendant, sur l'approbation du conseil, pourra ordonner le paiement des appointements de l'officier-commandant, de ceux de l'officier chargé du détail, et de la solde des maîtres.

421.

Le devis du Vaisseau sera remis au Conseil par l'Officier-Commandant.

Indépendamment des états de consommations, il sera remis au conseil, par chaque officier-commandant, un devis signé de lui, du vaisseau ou autre bâtiment qu'il aura commandé, dans lequel devis seront détaillés la manière dont l'arrimage aura été fait, la quantité de lest, soit en fer, soit en cailloux, qui aura été embarquée; la manière dont il était distribué dans la calle et la différence du tirant d'eau en lest, le nombre des canons montés et leurs calibres, le nombre de l'équipage, la quantité de l'eau et des vivres, et la différence du tirant d'eau, le navire étant tout armé et prêt à mettre sous voiles. Il sera fait mention dans ce devis, des bonnes ou des mauvaises qualités qu'on aura reconnues au bâtiment pendant la navigation, à toutes les allures, à toutes les voilures, et dans toutes les positions. Il y sera joint un état des changements ou réparations à faire au bâtiment, que l'officier-commandant aura jugé convenable de proposer au conseil.

TIT. XVIII.

## 422.

Examen du devis par le Conseil.

Le conseil examinera le devis qui lui aura été présenté; et s'il juge à propos qu'il y soit joint quelques observations, elles seront transcrites au bas dudit devis, qui sera signé des membres du conseil, pour être déposé au contrôle de la marine, et servir d'instruction aux officiers qui commanderont dans la suite le même bâtiment.

## 423.

Cas des réparations urgentes.

Dans le cas où l'état joint au devis annoncerait quelque réparation indispensable et urgente à faire au bâtiment, le conseil nommera ceux de ses membres, ou tels autres commissaires qu'il lui plaira choisir, pour vérifier la nécessité desdites réparations, et en faire leur rapport par écrit au commandant, qui donnera ses ordres pour qu'il soit procédé sans délai aux réparations urgentes, et rendra compte sur-le-champ au secrétaire d'état ayant le département de la marine, de la délibération du conseil, et du travail qu'il aura ordonné en conséquence du rapport des commissaires.

## 424.

Cas de désarmement dans un autre Port que ceux de Brest, Toulon et Rochefort.

Dans le cas où un vaisseau ou autre bâtiment de Sa Majesté désarmerait dans un autre port que ceux de Brest, Toulon et Rochefort, l'officier commandant le bâtiment, adressera au commandant du port auquel il sera affecté, le registre des consommations faites pendant sa campagne et le devis du bâtiment; pour lesdits devis et consommations être examinés dans le conseil de marine, ainsi qu'il est prescrit par les précédents articles. Entend toutefois, Sa Majesté, que le paiement des appointements et soldes du désarmement sera fait, dans ce cas seulement, sans attendre la délibération du conseil.

## 425.

Il sera dressé Procès-verbal de chaque séance.

Il sera dressé procès-verbal de chaque séance du conseil de marine, et il en sera envoyé, par le président, une expédition signée du secrétaire dudit conseil, au secrétaire d'état ayant le département de la marine; et le secrétaire du conseil donnera une copie signée de lui au commandant et à l'intendant, du procès-verbal de chaque séance.

## 426.

Le Secrétaire fera lecture,

A l'effet de quoi, à la fin de chaque séance, le secrétaire fera le résumé des opinions, dans lequel il énoncera tous les avis particuliers : il en sera fait lecture au conseil, et tous les membres signeront au bas dudit résumé.

au Conseil, du résumé des opinions.

427.

Lecture sera faite, au Conseil suivant, du Procès-verbal de chaque séance, qui sera envoyé à la Cour.

Le secrétaire s'occupera ensuite de rédiger le procès-verbal; et si cette rédaction ne peut être achevée dans la séance, il sera fait lecture dudit procès-verbal au conseil suivant, excepté dans le cas où la nature des objets qui auront été discutés, exigerait que Sa Majesté fût informée sans délai de la délibération du conseil; auquel cas le président indiquerait pour le lendemain un conseil extraordinaire, pour lecture y être entendue dudit procès-verbal, qui sera signé de tous les membres si aucun n'a d'observations à faire sur icelui. Les avis particuliers qu'on pourrait avoir donnés par écrit, ainsi que les mémoires qui auraient été remis au conseil, sur la matière qui aura été discutée, seront joints au procès-verbal de la séance, pour le tout être envoyé par le président, au secrétaire d'état ayant le département de la marine.

428.

Registres du Conseil.

Le secrétaire du conseil portera toutes les délibérations ou avis dudit conseil, et les procès-verbaux des séances, sur un registre particulier qu'il tiendra à cet effet, et qui sera déposé au contrôle: sur ce registre seront transcrits les ordres de Sa Majesté, et les décisions relatives aux différents objets qui auront été examinés et discutés dans le conseil, et sur lesquels il aura donné son avis.

429.

Des affaires renvoyées au Conseil.

Se réserve Sa Majesté de renvoyer aux conseils de marine, soit avec voix délibérative, soit avec voix consultative seulement, toutes les affaires, autres que celles mentionnées dans la présente Ordonnance, qu'elle jugera à propos d'y faire juger et discuter.

430.

Du bon ordre à y observer.

Enjoint Sa Majesté aux présidents desdits conseils, de tenir soigneusement la main à ce que tout s'y passe dans le bon ordre et avec la décence convenable; à ce que les objets y soient traités sans confusion, et les opinions débattues sans partialité et sans chaleur; enfin, à ce que tous les membres du conseil concourent assidument, paisiblement et avec zèle, à tout ce qui peut contribuer au bien du service.

## TITRE XIX.

### *Du Conseil de Marine assemblé extraordinairement par ordre de Sa Majesté.*

431.

Conseil de Marine tenu au retour des Campagnes, pour examiner la conduite des Officiers-commandants.

LORSQUE Sa Majesté jugera à propos de faire examiner la conduite des officiers généraux, capitaines de vaisseaux et autres officiers qu'elle aura chargés du commandement de ses escadres, divisions ou vaisseaux particuliers, relativement aux missions qui leur auront été confiées; elle ordonnera qu'il soit assemblé extraordinairement un conseil de marine dans celui de ses ports de Brest, Toulon ou Rochefort, où aborderont lesdites escadres, divisions ou vaisseaux particuliers, pour procéder audit examen.

432.

De quels Officiers, dans ce cas, il sera composé.

Le conseil de marine ne sera composé, dans ce cas, que du nombre d'officiers généraux ou anciens capitaines de vaisseaux que Sa Majesté jugera à propos de nommer; lesquels prendront séance suivant leur ancienneté dans leurs grades respectifs.

433.

Président et lieu de l'Assemblée.

Le conseil s'assemblera chez l'officier le plus ancien, qui en sera le président.

434.

Les Journaux qui auront été adressés à Sa Majesté, par les Officiers-commandants, au retour des Campagnes, seront renvoyés au Président du Conseil.

Le commandant en chef d'une escadre, ainsi que les officiers généraux employés sous ses ordres, et le commandant d'un bâtiment particulier, au retour de la mer, enverront leurs journaux à Sa Majesté : et si elle juge à propos de faire tenir un conseil de marine pour examiner la conduite et les opérations desdits officiers-commandants; en même temps qu'elle nommera les officiers qui doivent le composer, elle adressera au président lesdits journaux, et une copie des instructions qu'elle aura données aux commandants.

TITRE XIX.

435.

Chaque Commandant remettra au Conseil un précis des opérations de sa Campagne.

Chacun des officiers-commandants qui devra être examiné, remettra au conseil un extrait de son journal, signé de lui, dans lequel seront détaillées toutes les opérations et les manœuvres de sa campagne, relatives à l'exécution de ses instructions particulières, s'il a été chargé d'une mission en chef, ou des ordres qu'il a reçus du général, s'il a navigué en escadre; et où il rendra compte de la conduite qu'il a tenue dans les divers événements survenus pendant sa campagne, et des motifs qui ont déterminé, dans chaque circonstance, ses opérations et ses manœuvres.

436.

Le secret sera gardé.

Il leur ajoutera, qu'ils sont tenus, ainsi que Sa Majesté l'exige d'eux, au secret le plus inviolable sur tout ce qui aura été agité et délibéré dans les assemblées, hors desquelles ils ne s'entretiendront point de ce qui aura fait le sujet de leurs délibérations.

437.

Élection du Rapporteur.

Le conseil élira ensuite un des membres pour être le rapporteur.

438.

L'Officier à examiner répondra aux interrogations du Conseil.

Celui qui devra être examiné au conseil, ou qui y sera appelé, s'y rendra lorsque le président l'en fera avertir : il répondra à toutes les interrogations qui lui seront faites, après avoir préalablement fait serment de dire vérité, et fournira tous les mémoires qui lui seront demandés.

439.

Le Conseil examinera si les Commandants ont rempli leurs instructions.

Le conseil examinera si les commandants ont rempli dans toute leur étendue les instructions qui leur ont été données par Sa Majesté, et s'ils se sont conformés à tout ce qui leur est prescrit par les Ordonnances.

440.

Comptes à rendre au Conseil par les Officiers.

Le commandant d'une escadre rendra compte au conseil de la conduite de chacun des officiers généraux commandant sous ses ordres, et de celle des capitaines commandant les vaisseaux et autres bâtiments qui la composaient; et ceux-ci, lorsqu'ils seront appelés au conseil, de celle des officiers qui auront servi sous eux; et lesdits officiers subalternes, ainsi que les pilotes, remettront leurs journaux au président du conseil.

441.

Signature des Délibérations.

Les délibérations du conseil, dans lesquelles il sera fait mention de l'avis motivé de chacun des membres, seront signées de tous, et adressées par le président à Sa Majesté qui se réserve de faire ensuite connaître ses intentions.

442.

Seront portées sur un Registre.

Le rapporteur du conseil portera sur un registre le résultat de l'examen qui aura été fait à chaque assemblée, et les délibérations.

443.

Remise des Journaux par les Officiers subalternes et les Pilotes, au Commandant, lorsqu'il ne sera pas tenu de Conseil de Marine.

Lorsqu'il ne devra point être tenu de conseil de marine, tous les officiers de l'escadre, de la division ou du vaisseau particulier, à l'exception du commandant en chef et des officiers généraux, remettront, ainsi que les pilotes, au retour de leur campagne, au commandant du port, les journaux qu'ils sont obligés de tenir; lesquels seront examinés par deux officiers nommés à cet effet par ledit commandant, qui ensuite fera connaître à Sa Majesté ceux qui n'auront point apporté d'application dans la tenue desdits journaux: ledit commandant ordonnera qu'il soit fait des extraits des observations et remarques intéressantes qui pourront se trouver dans lesdits journaux, et il enverra lesdits extraits ou les journaux entiers, s'il le juge à propos, au secrétaire d'état ayant le département de la marine, pour être remis au dépôt général des cartes, plans et journaux de la marine.

444.

Ce qui sera observé pour les Vaisseaux et autres Bâtiments qui désarmeront ailleurs que dans les ports de Brest, Toulon et Rochefort.

Si aucun des vaisseaux ou autres bâtiments du Roi, désarme dans un autre port que Brest, Toulon et Rochefort, le secrétaire d'état ayant le département de la marine, après avoir reçu le journal qu'il est enjoint à l'officier qui l'aura commandé d'envoyer, lui fera connaître celui desdits ports où les officiers de son état-major et le pilote, devront remettre le leur, et où ils devront, ainsi que lui, se rendre, si Sa Majesté juge à propos de faire examiner la conduite dudit officier dans un conseil de marine.

445.

Dépôt des Journaux et du Registre des Délibérations, confié au Commandant du Port.

Il sera établi dans chacun des ports de Brest, Toulon et Rochefort, un dépôt où seront remis les journaux, plans et mémoires des officiers dont la conduite aura été examinée au conseil de marine, et les ordres du Roi, en conséquence desquels il aura été procédé audit examen, ainsi que le registre où seront portés les résultats et délibérations dudit conseil. Les journaux dont il est parlé ci-dessus, *article* 443, qui n'auront point été envoyés à la Cour, seront pareillement remis au dépôt, dont le commandant du port sera particulièrement chargé: il n'en communiquera aucuns papiers (si ce n'est, lors de la tenue d'un conseil de marine, à l'officier qui en sera le président) que par les ordres du secrétaire d'état ayant le département de la marine.

446.

Veut Sa Majesté que ce qui est prescrit par la présente Ordonnance, soit exécuté dans toutes ses parties, à commencer du 1er décembre prochain; dérogeant aux ordonnances et réglements précédemment rendus, ainsi qu'à toutes instructions, commissions et brevets à ce contraires : entendant néanmoins que les dispositions desdites Ordonnances, et notamment de celle du 25 mars 1765, *concernant la marine*, soient maintenues et suivies en tout ce à quoi il n'a pas été dérogé, et pour les points auxquels il n'a pas été pourvu par la présente.

Mande et ordonne Sa Majesté à Mons. le duc de Penthièvre, amiral de France, aux vice-amiraux, commandants de ses ports, lieutenants généraux, chefs d'escadres, directeurs généraux et particuliers de ses arsenaux de marine; aux intendants de la marine, commissaires généraux ou ordinaires des ports et arsenaux, ordonnateurs, et à tous autres ses officiers employés dans ses ports et arsenaux de marine, d'observer la présente Ordonnance, et de tenir la main, chacun en droit soi, à son exécution.

Fait à Versailles le vingt-sept septembre mil sept cent soixante-seize. *Signé* LOUIS. *Et plus bas*, DE SARTINE.

*LE DUC DE PENTHIÈVRE, Amiral de France, Gouverneur et Lieutenant général pour le Roi en sa province de Bretagne.*

VU l'Ordonnance du Roi, ci-dessus et des autres parts, à nous adressée : MANDONS aux vice-amiraux, commandants de ses ports, lieutenants généraux, chefs d'escadres, directeurs généraux et particuliers de ses arsenaux de marine; aux intendants de la marine, commissaires généraux ou ordinaires des ports et arsenaux, ordonnateurs, et à tous autres ses officiers employés dans ses ports et arsenaux de marine, chacun en droit soi, de l'exécuter et faire exécuter selon sa forme et teneur. Fait à Bizy le vingt-trois octobre mil sept cent soixante-seize. *Signé* L. J. M. DE BOURBON. *Et plus bas*, Par son Altesse Sérénissime.

*Signé,* DE GRANDBOURG.

# ORDONNANCE DU ROI,

*Pour la suppression du Corps des Officiers d'Administration et des Écrivains de la Marine.*

Du 27 Septembre 1776.

DE PAR LE ROI.

Sa Majesté ayant par son Ordonnance de ce jour, *concernant la régie et administration générale et particulière des ports et arsenaux de marine*, attribué aux officiers militaires, les fonctions dont ceux d'administration étaient précédemment chargés, relativement à la direction des travaux et des opérations mécaniques des ports : ayant pourvu d'ailleurs d'une manière plus simple et moins dispendieuse que par le passé, aux autres parties du service, dont lesdits officiers d'administration et les écrivains de la marine étaient pareillement chargés, elle a jugé nécessaire de supprimer le corps des officiers d'administration et les écrivains de la marine; en conséquence, elle a ordonné et ordonne ce qui suit:

ARTICLE PREMIER.

A commencer du 1er décembre prochain, le corps des officiers d'administration et les écrivains de la marine, seront et demeureront supprimés : n'entend toutefois Sa Majesté comprendre dans le nombre desdits officiers, les intendants de la marine, des armées navales, des classes et des colonies.

2.

Les commissaires des chaînes des galères seront conservés et maintenus aux fonctions et appointements qui leur ont été attribués.

3.

Sa Majesté voulant traiter favorablement lesdits officiers d'administration et les écrivains de la marine supprimés, elle accorde aux commissaires généraux, commissaires ordinaires et contrôleurs de la marine ; aux commissaires des classes, gardes-magasins, sous-commissaires de la marine et des classes, sous-garde-magasins, élèves-commissaires et écrivains de la marine et des classes, les traitements ci-après fixés :

SAVOIR :

A ceux qui ont servi trente-cinq ans et au-dessus, les appointements entiers dont ils jouissaient dans leur grade.

A ceux qui ont servi trente ans, les trois quarts de leurs appointements.

A ceux qui ont servi vingt-cinq ans, les deux tiers de leurs appointements.

A ceux qui ont servi de quinze à vingt ans, la moitié de leurs appointements.

A ceux qui ont servi de dix à quinze ans, le tiers de leurs appointements.

Et à ceux qui n'ont pas dix ans de service, le quart de leurs appointements.

4.

Les traitements fixés par l'article précédent ne commenceront d'avoir lieu qu'au 1er janvier prochain; et jusqu'à cette époque, les officiers d'administration et les écrivains de la marine, supprimés, continueront de jouir des appointements qui leur étaient attribués dans leurs grades respectifs avant la suppression.

5.

Lesdits traitements seront payés de trois mois en trois mois, sur les fonds de la marine, sans autre retenue que celle des quatre deniers pour livre qui se perçoivent au profit de la caisse des invalides de la marine.

6.

Ceux desdits officiers d'administration ou écrivains de la marine, supprimés, que Sa Majesté jugera à propos d'employer par la suite en quelqu'autre qualité, cesseront de jouir des traitements qui leur sont accordés par la présente Ordonnance, à commencer du jour où ils seront remis en activité.

7.

Les commissaires généraux, commissaires ordinaires, contrôleurs, sous-commissaires, gardes-magasins et écrivains de la marine, qui se trouvent actuellement employés dans les colonies de l'Amérique, et dans celles qui sont situées au-delà du cap de Bonne-Espérance, ou destinés pour lesdites colonies, quoiqu'étant compris dans la suppression générale du corps des officiers d'administration et des écrivains de la marine, continueront de servir aux mêmes fonctions et appointements dont ils jouissent, sous les dénominations de commissaires généraux, commissaires ordinaires, contrôleurs, sous-commissaires, gardes-magasins et écrivains *des colonies*, jusqu'à ce qu'il en ait été autrement ordonné par Sa Majesté : observant toutefois, dans les cas où il s'agirait de constructions, radoubs ou armements à faire dans lesdites colonies, de se conformer, pour la forme du service, à ce qui est prescrit aux commissaires des ports et arsenaux et autres officiers, par l'Ordonnance de ce jour, *concernant la régie et administration générale et particulière des ports et arsenaux de marine.*

Mande et ordonne Sa Majesté à monsieur le duc de Penthièvre, amiral de France, et aux intendants de la marine et des colonies, de tenir la main à l'exécution de la présente Ordonnance.

Fait à Versailles le vingt-sept septembre mil sept cent soixante-seize. *Signé* LOUIS. *Et plus bas*, de Sartine.

*Le duc DE PENTHIEVRE, Amiral de France*, etc.

Vu l'Ordonnance du Roi, ci-dessus et des autres parts, à nous adressée : Mandons, etc.

# ORDONNANCE DU ROI,

*Portant établissement de Commissaires généraux et ordinaires des Ports et Arsenaux de Marine, et de Gardes-magasins.*

Du 27 Septembre 1776.

DE PAR LE ROI.

SA MAJESTÉ ayant, par son Ordonnance de ce jour, supprimé le corps des officiers d'administration de la marine, elle a jugé nécessaire d'établir des commissaires généraux et ordinaires des ports et arsenaux de marine, et des gardes-magasins; en conséquence, elle a ordonné et ordonne ce qui suit:]

ARTICLE PREMIER.

Les départements de la marine seront et demeureront fixés à six, savoir : Brest, Toulon, Rochefort, le Havre, Dunkerque et Bordeaux.

2.

Supprime, Sa Majesté, le département établi à l'Orient, qui sera et demeurera à l'avenir sous la dépendance du département de Brest.

3.

Il sera établi un commissaire général des ports et arsenaux de marine, dans chacun des ports de Brest, Toulon et Rochefort, pour aider et suppléer l'intendant dans ses fonctions.

4.

Il sera établi un commissaire ordonnateur, dans chacun des départements du Havre, de Dunkerque et de Bordeaux, lequel ordonnateur pourra obtenir le titre et les appointements de commissaire général, lorsque l'ancienneté ou la distinction de ses services l'auront rendu susceptible de cette grâce.

5.

L'intention de Sa Majesté est qu'il ne puisse y avoir de commissaires généraux ailleurs que dans les trois grands ports, et les trois places d'ordonnateurs ci-dessus fixées.

6.

Il sera établi des commissaires ordinaires et surnuméraires des ports et arsenaux de marine, dans les six départements et ports en dépendants;

SAVOIR :

Dans chacun des ports de Brest, Toulon et Rochefort, cinq commissaires ordinaires; deux commissaires surnuméraires à Brest, et un seul commissaire surnuméraire dans chacun des deux autres ports.

Au Havre, à Dunkerque et à Bordeaux, un commissaire ordinaire ordonnateur (qui pourra être commissaire général, conformément à l'article 4) et un commissaire ordinaire.

A l'Orient, sous la dépendance de Brest, un commissaire ordinaire et un commissaire surnuméraire.

A Nantes et à Saint-Malo, sous la dépendance de Brest, un commissaire ordinaire.

A Marseille, sous la dépendance de Toulon, un commissaire ordinaire, et un commissaire surnuméraire pour le détail particulier de l'hôpital et des chiourmes.

En Corse, sous la dépendance de Toulon, un commissaire ordinaire.

Et à Bayonne, sous la dépendance de Bordeaux, un commissaire ordinaire; et un commissaire surnuméraire, pour le détail particulier des bois des Pyrénées.

7.

En cas de mort ou d'absence, et jusqu'à ce qu'il y ait été pourvu par Sa Majesté, les ordonnateurs du Havre, de Dunkerque et de Bordeaux, seront suppléés par le commissaire ordinaire affecté à chacun de ces départements; le commissaire de Marseille et celui de l'Orient, par le commissaire surnuméraire; et les commissaires de Nantes, Saint-Malo, Bayonne et de Corse, par le commissaire des classes qui sera établi dans chacun desdits lieux.

8.

Lorsqu'il viendra à vaquer une place de commissaire général, de commissaire ordinaire ou surnuméraire, dans l'un des six départements et ports en dépendants, Sa Majesté se réserve de choisir parmi les officiers d'administration supprimés par l'Ordonnance de ce jour, celui qu'il lui plaira nommer pour remplir la place vacante.

9.

Il sera établi un garde-magasin dans chacun des ports de Brest, Toulon, Rochefort, le Havre, Dunkerque, Bordeaux, l'Orient, Nantes, Marseille et Bayonne.

10.

Les commissaires généraux, les commissaires ordinaires et surnuméraires, et les gardes-magasins, établis dans les ports de Brest, Toulon, Rochefort et ailleurs, exerceront les fonctions qui leur sont attribuées par l'Ordonnance de ce jour, *concernant la régie et administration générale et particulière des ports et arsenaux de marine.*

11.

Les commissaires des ports et arsenaux de marine ne seront employés que dans les départements et ports mentionnés dans les précédents articles, et ne seront point envoyés dans les forêts pour la visite et l'examen des bois; l'intention de Sa Majesté étant que cette partie du service soit à l'avenir confiée aux ingénieurs-constructeurs et aux maîtres charpentiers entretenus dans ses ports.

12.

Les appointements des commissaires généraux et des commissaires ordinaires et surnuméraires des ports et arsenaux de marine, seront fixés ainsi qu'il suit:

Les commissaires généraux seront payés sur le pied, chacun, de six mille livres d'appointements par an.

En outre desdits appointements, les commissaires généraux des trois ports de Brest, Toulon et Rochefort, jouiront de cinq cents livres de supplément d'appointements par mois, dans le cas seulement où ils seraient ordonnateurs en l'absence des Intendants.

Le commissaire général qui serait ordonnateur au Havre ou à Dunkerque, de trois mille livres de supplément d'appointements par an, et celui qui le serait à Bordeaux, de quatre mille livres.

Les commissaires ordinaires seront payés sur le pied, chacun, de trois mille livres d'appointements par an.

Le commissaire ordinaire, ordonnateur au Havre ou à Dunkerque, jouira de trois mille livres de supplément d'appointements par an; le commissaire ordinaire ordonnateur à Bordeaux, de quatre mille livres; les commissaires employés à l'Orient, Nantes, Marseille et Bayonne, et en Corse, chacun, de deux mille livres; les commissaires préposés au bureau du magasin général, et à celui des chantiers et ateliers dans l'un des ports de Brest, Toulon et Rochefort, chacun, de mille livres; les commissaires préposés aux trois autres bureaux, dans les trois mêmes ports, chacun, de cinq cents livres.

Les commissaires surnuméraires employés à Brest, Toulon, Rochefort, l'Orient, Marseille et Bayonne, seront payés sur le pied, chacun, de deux mille quatre cents livres d'appointements par an.

13.

Les appointements des gardes-magasins seront fixés ainsi qu'il suit:

Les gardes-magasins de Brest, Toulon et Rochefort, seront payés sur le pied, chacun, de deux mille quatre cents livres par an.

Ceux Du Havre, de Dunkerque et de Bordeaux, sur le pied, chacun, de dix-huit cents livres par an.

Ceux de l'Orient, Nantes, Marseille et Bayonne, sur le pied, chacun, de douze cents livres par an.

14.

Les appointements réglés par la présente Ordonnance, tant aux commissaires généraux, ordinaires et surnuméraires des ports et arsenaux de marine, qu'aux gardes-magasins, ne commenceront d'avoir lieu qu'au 1er janvier prochain pour ceux des officiers d'administration ou des écrivains de la marine, supprimés par l'Ordonnance de ce jour, qui seront employés en quelqu'une desdites qualités; et jusqu'à ladite époque, ils continueront de jouir des appointements qui leur étaient attribués avant la suppression.

16.

15.

Il sera réglé chaque année, par les états que Sa Majesté arrêtera, sur la demande des intendants ou ordonnateurs, le nombre des commis aux écritures et commis aux appels, qui devront être employés dans chaque département, suivant les circonstances et les besoins du service; et les sommes qui devront être payées dans chaque port, tant pour les appointements desdits commis, que pour tous frais de bureaux.

16.

L'uniforme des commissaires généraux, ordinaires et surnuméraires des ports et arsenaux de la marine, sera composé d'un habit de drap gris-de-fer, parements de velours cramoisi, veste et culotte de drap écarlate, boutons d'or-trait, chapeau bordé d'un galon d'or.

Les ornements seront:

Pour le commissaire général, douze brandebourgs en or, de chaque côté de l'habit, trois sur la poche, trois sur la manche, boutonnières en or à la veste.

Pour le commissaire ordinaire ou surnuméraire, six brandebourgs de chaque côté de l'habit, deux sur la manche, trois sur la poche, boutonnières en or à la veste.

La couleur du drap, le dessin des brandebourgs, les boutons, le bord du chapeau, seront conformes aux modèles qui seront déposés au contrôle de la marine dans chaque port.

17.

Défend, Sa Majesté auxdits commissaires généraux ordinaires ou surnuméraires, de porter dans le port d'autre habit que l'uniforme ci-dessus réglé; leur permet seulement de le porter en camelot de laine pendant l'été.

Mande et ordonne Sa Majesté à monsieur le duc de Penthièvre, amiral de France, aux intendants de la marine, aux commissaires généraux ou ordinaires des ports et arsenaux de marine, ordonnateurs, et à tous autres qu'il appartiendra, de tenir la main, chacun en droit soi, à l'exécution de la présente Ordonnance.

Fait à Versailles, le vingt-sept septembre mil sept cent soixante-seize. *Signé* LOUIS. *Et plus bas*, de Sartine.

*Le duc DE PENTHIEVRE, amiral de France*, etc.

Vu l'Ordonnance du Roi, ci-dessus et des autres parts, à nous adressée : Mandons, etc.

# ORDONNANCE DU ROI,

*Portant établissement de Commissaires et de Syndics des Classes.*

Du 27 Septembre 1776.

DE PAR LE ROI.

SA MAJESTÉ ayant, par son Ordonnance de ce jour, supprimé le corps des officiers d'administration de la marine, dont les commissaires des classes faisaient partie; et jugeant nécessaire pour le bien de son service, que les commissaires préposés aux classes soient distincts et séparés de ceux que, par son autre Ordonnance de ce jour, elle a établis pour servir dans ses ports et arsenaux de marine, elle a ordonné et ordonne ce qui suit:

ARTICLE PREMIER.

A commencer du 1er décembre prochain, il sera établi cinquante commissaires des classes qui seront répartis :

SAVOIR.

Dans le département de Brest, onze, dont un à Brest, un à l'Orient, un à Saint-Brieuc, un à Morlaix, un à Quimper, un à Painbœuf, un au Croisic, un à Belle-île, un à Saint-Malo, un à Nantes, et un à Vannes.

Dans le département de Toulon, douze, dont un à Toulon, un à Marseille, un aux Martigues, un à la Ciotat, un à Cannes, un à Saint-Tropès, un à Antibes, un à Arles, un à Cette, un à Agde, un à Narbonne, et un en Corse.

Dans le département de Rochefort, sept, dont un à Rochefort, un à la Rochelle, un à l'île-de-Ré, un à l'île d'Oleron, un aux Sables d'Olonne, un à Marennes, et un à Royan.

Dans le département du Havre, huit, dont un au Havre, un à Dieppe, un à Fécamp, un à Rouen, un à Caen, un à Honfleur, un à Cherbourg, et un à Grandville.

Dans le département de Dunkerque, trois, dont un à Dunkerque, un à Calais, et un à Boulogne.

Dans le département de Bordeaux, neuf, dont un à Bordeaux, un à Bayonne, un à Saint-Jean-de-Luz, un à la Tête-de-Buch, un à Blaye, un à Libourne, un à Moissac. un à Marmande, et un à Toulouse.

2.

Les commissaires des classes seront sous l'autorité de l'intendant ou ordonnateur de leur département respectif; ils se conformeront à ce qui est prescrit aux commissaires des classes, par les ordonnances et réglements sur cette partie, et rendront compte à l'intendant ou ordonnateur de tout ce qui concernera les classes de leur département.

3.

Il sera établi dans les ports et villes moins considérables que ceux énoncés dans l'arricle 1er, conformément aux états qui seront arrêtés par Sa Majesté, des syndics des classes, au lieu et place des sous-commissaires de la marine et des classes, ci-devant employés dans lesdits ports et villes, et supprimés par l'ordonnance de ce jour.

4.

Lesdits syndics des classes feront les fonctions de commissaires des classes, en vertu d'un ordre du Roi, et rendront compte au commissaire de leur département, de tout ce qui concernera les classes du quartier où ils auront été établis.

5.

Sa Majesté nommera, chaque année, pour faire l'inspection des classes dans les différents départements, des officiers généraux de sa marine, ou des capitaines de vaisseaux, auxquels elle adressera des instructions particulières.

6.

Les commissaires des classes seront payés sur le pied, chacun de deux mille livres ou de quinze cents livres d'appointements par an, conformément aux états qui seront arrêtés par Sa Majesté, et les syndics des classes seront payés aux appointements qui auront été réglés par les mêmes états.

7.

Il sera pareillement fixé, par les états que Sa Majesté arrêtera, les sommes qui devront être payées annuellement à chaque commissaire ou syndic des classes, pour l'entretien de commis et frais de bureau.

8.

L'uniforme des commissaires et des syndics des classes sera composé d'un habit de drap gris-de-fer, parements de la même couleur, collet de velours cramoisi, veste et culotte de drap écarlate, boutons d'or-trait, chapeau bordé d'un galon d'or uni.

Les ornements seront, pour les commissaires, six boutonnières en or-trait, de chaque côté de l'habit, trois sur la manche, trois sur la poche, boutonnières en or à la veste.

La couleur du drap, les boutons et le bord du chapeau seront conformes aux modèles qui seront envoyés dans chaque département.

Mande et ordonne Sa Majesté à monsieur le duc de Penthièvre, amiral de France, aux intendants de la marine et des classes, aux commissaires généraux ou ordinaires des ports et arsenaux de marine, ordonnateurs, et à tous autres qu'il appartiendra, de tenir la main, chacun en droit soi, à l'exécution de la présente ordonnance. Fait à Versailles le vingt-sept septembre mil sept cent soixante-seize. *Signé* LOUIS. *Et plus bas*, DE SARTINE.

*Le Duc DE PENTHIEVRE, Amiral de France, etc.*

Vu l'Ordonnance du Roi ci-dessus et des autres parts, à nous adressée : MANDONS aux intendants de la marine, etc.

---

# ORDONNANCE DU ROI,

*Portant établissement de Contrôleurs de la Marine.*

Du 27 Septembre 1776.

## DE PAR LE ROI.

SA MAJESTÉ ayant, par son Ordonnance de ce jour, supprimé le corps des officiers d'administration de la marine, dans le nombre desquels étaient compris les contrôleurs de la marine; et jugeant nécessaire, pour le bien de son service, que lesdits contrôleurs soient distincts et séparés des commissaires que, par son autre Ordonnance de ce jour, elle a établis pour servir dans ses ports et arsenaux de marine, elle a ordonné et ordonne ce qui suit :

ARTICLE PREMIER.

A commencer du 1er décembre prochain, il sera établi un contrôleur de la marine, dans chacun des départements de Brest, Toulon, Rochefort, le Havre, Dunkerque et Bordeaux.

2.

Lesdits contrôleurs ne seront point compris dans le nombre des commissaires des ports et arsenaux de marine, que Sa Majesté a établis par son Ordonnance de ce jour; et dans le cas où elle agréerait pour contrôleur quelqu'un desdits commissaires, il sera tenu de remettre la commission dont il se trouvera pourvu, et il lui en sera expédié une de contrôleur de la marine.

3.

Les contrôleurs de la marine exerceront dans les ports et arsenaux de marine, les fonctions qui leur seront attribuées par leur commission, et se conformeront, au surplus, à ce qui est prescrit aux contrôleurs de la marine, par l'Ordonnance de ce jour, *concernant la régie et administration générale et particulière des ports et arsenaux de marine.*

4.

En cas de mort ou d'absence, et jusqu'à ce qu'il y ait été pourvu par Sa Majesté, les contrôleurs, dans chaque port, seront suppléés pour les fonctions journalières du contrôle, par celui de leurs commis, auquel l'intendant ou ordonnateur jugera à propos de donner un ordre à cet effet, sans toutefois que ledit commis puisse signer les pièces de décharge de la comptabilité, à moins qu'il n'y soit autorisé par un ordre de Sa Majesté.

5.

Lesdits contrôleurs seront payés, savoir : ceux de Brest, Toulon et Rochefort, sur le pied, chacun de quatre mille livres d'appointements par an.

Ceux du Havre, de Dunkerque et de Bordeaux, sur le pied, chacun, de trois mille livres d'appointements par an.

Et lesdits appointements ne commenceront d'avoir lieu qu'au 1er janvier prochain, pour ceux desdits contrôleurs qui, ayant été compris dans la suppression du corps des officiers d'administration de la marine, continueront de jouir jusqu'à ladite époque, des appointements qui leur étaient attribués dans leur grade avant ladite suppression.

6.

Il sera réglé chaque année par les états que Sa Majesté arrêtera, sur la demande des intendants ou ordonnateurs, le nombre de commis au contrôle, qui devront être employés suivant les circonstances et les besoins du service, dans chaque département, et les sommes qui devront être payées dans chaque port, tant pour les appointements desdits commis, que pour tous frais de bureau du contrôle.

7.

Indépendamment des contrôleurs de la marine des six départements, il sera établi un contrôleur de la comptabilité des ports et arsenaux de marine, à l'effet de maintenir un ordre uniforme dans cette partie importante du service de Sa Majesté, lequel contrôleur jouira des appointements qui lui seront ordonnés par les états et ordonnances qui seront à cet effet expédiés.

8.

L'uniforme des contrôleurs de la marine sera composé d'un habit de drap gris-de-fer, parements, collet, veste et culotte de drap écarlate; boutons d'or-trait; chapeau bordé d'un galon d'or.

Les ornements seront, six brandebourgs en or de chaque côté de l'habit, trois sur la poche, trois sur la manche, deux boutonnières en or au collet, boutonnières en or à la veste.

La couleur du drap, le dessin des brandebourgs, des boutons et du bord du chapeau, seront conformes aux modèles qui seront déposés au contrôle dans chaque port.

9.

Défend Sa Majesté auxdits contrôleurs, de porter dans le port, d'autre habit que l'uniforme; leur permet seulement de le porter en camelot de laine pendant l'été.

Mande et ordonne Sa Majesté à monsieur le duc de Penthièvre, amiral de France, aux intendants de la marine, et aux commissaires généraux ou ordinaires des ports et arsenaux de marine, ordonnateurs, de tenir la main, chacun en droit soi, à l'exécution de la présente Ordonnance. Fait à Versailles, le vingt-sept septembre mil sept cent soixante-seize. *Signé* LOUIS. *Et plus bas*, de Sartine.

*Le Duc DE PENTHIEVRE, Amiral de France, etc.*

Vu l'Ordonnance du Roi, ci-dessus et des autres parts, à nous adressée, Mandons, etc.

---

# ORDONNANCE DU ROI,

*Pour régler les fonctions dont les Officiers de la Marine seront chargés sur les Escadres et à bord des Vaisseaux, relativement aux consommations et remplacements des Munitions et des Effets, et aux revues des Equipages dans le cours des Campagnes.*

Du 27 Septembre 1776.

DE PAR LE ROI.

Sa Majesté s'étant fait rendre compte de la forme actuelle du service sur ses armées navales, escadres, vaisseaux et autres bâtiments de guerre, en ce qui concerne les consommations et remplacements des munitions et des effets, et les revues des équipages, elle a reconnu que les fonctions dont les intendants, commissaires et écrivains de la marine étaient ci-devant chargés sur ses escadres et à bord de ses vaisseaux, pourraient être remplies, avec plus d'avantage et plus d'économie pour son service, par des officiers de la marine, faisant partie des états-majors de ses vaisseaux : et voulant régler la manière dont lesdits officiers tiendront les registres de consommations, pourvoiront aux remplacements, et passeront les revues d'équipages dans le cours des campagnes, elle a ordonné et ordonne ce qui suit :

ARTICLE PREMIER.

Les intendants de la marine, les commissaires généraux ordinaires ou surnuméraires des ports et arsenaux de marine, ne seront point employés à la suite des armées navales, escadres ou divisions; et il ne sera point embarqué sur les vaisseaux, frégates, corvettes, flûtes ou autres bâtiments appartenants à Sa Majesté, de commis aux écritures, pour y faire les fonctions qui avaient été attribuées par les Ordonnances antérieures, aux écrivains de la marine supprimés par une Ordonnance de ce jour.

2.

Les Majors rempliront les fonctions attribuées aux Intendants, Commissaires généraux ou ordinaires sur les Armées navales, Escadres ou Divisions.

Le major d'une armée navale, d'une escadre ou d'une division, remplira les fonctions qui étaient ci-devant attribuées à l'intendant, au commissaire général ou commissaire ordinaire, pour tout ce qui concerne les remplacements de munitions de guerre et de bouche, de mâtures, agrès, apparaux et ustensiles, les versements d'hommes ou d'effets d'un vaisseau dans un autre, et l'établissement des hôpitaux, soit à terre, soit sur des bâtiments particuliers destinés à cet usage.

3.

Cas où il sera nommé un Capitaine de Vaisseau ou autre Officier pour être chargé particulièrement du détail de l'Escadre.

Dans le cas où la destination d'une armée navale, d'une escadre ou d'une division, exigerait qu'un officier fût particulièrement chargé du détail relatif aux objets énoncés dans le précédent article, Sa Majesté se réserve de nommer un capitaine de ses vaisseaux, ou tel autre de ses officiers qu'il lui plaira choisir, pour remplir les fonctions qui étaient attribuées à l'intendant ou au commissaire, et dans ce cas le major se renfermera dans les fonctions qui lui ont été attribuées par les Ordonnances antérieures, en sa qualité de major des armées navales.

4.

L'Officier chargé du détail sur chaque Vaisseau, remplira les fonctions d'Ecrivain.

L'officier chargé du détail sur chaque vaisseau ou autre bâtiment, remplira les fonctions qui étaient attribuées à l'écrivain du vaisseau, relativement aux objets mentionnés dans l'article 2, en se conformant d'ailleurs à ce qui sera prescrit par la présente Ordonnance.

5.

Secrétaires passés aux Officiers chargés du détail de l'Armée et de celui de chaque Vaisseau ou autre Bâtiment.

Il sera passé des secrétaires au major, dans le cas seulement où il se trouverait chargé du détail général de l'armée ou escadre, ou à l'officier chargé de ce détail, et à chacun des officiers particuliers chargés du détail sur chaque vaisseau, frégate ou autre bâtiment.

SAVOIR :

A l'officier chargé du détail général d'une armée navale ou escadre composée de vingt-sept vaisseaux de ligne et au-dessus, deux secrétaires, lesquels seront payés, l'un sur le pied de soixante livres, et l'autre sur le pied de cinquante livres par mois.

A celui d'une escadre au-dessous de vingt-sept vaisseaux de ligne et au-dessus de quinze, un secrétaire payé sur le pied de cinquante livres par mois.

A celui d'une escadre de quinze vaisseaux de ligne et au-dessous, un secrétaire payé sur le pied de quarante-cinq livres par mois.

Et à chacun des officiers chargés du détail sur les vaisseaux, frégates, corvettes et autres bâtiments, un secrétaire payé sur le pied de quarante livres par mois.

6.

Passeront les revues,

Il sera fourni par le commis du munitionnaire, deux rations de vivres, par jour, à chacun desdits secrétaires, qui seront portés en leur qualité, sur les rôles d'équipages, et passeront les revues, d'après lesquelles l'intendant ordonnera le paiement de leurs solde et rations.

et auront deux rations.

7.

Les revues générales des équipages, au départ et à l'arrivée des vaisseaux, continueront d'être passées en la manière accoutumée, par le commissaire départi au bureau des armements et vivres, en présence du contrôleur, conformément à ce qui est prescrit par l'Ordonnance du 25 mars 1765, *concernant la marine, titre LXXIV.*

Les revues générales au départ et à l'arrivée des Vaisseaux, passées par le Commissaire des armements.

8.

Il sera remis à l'officier chargé du détail général d'une armée, escadre ou division, par le bureau des armements et vivres, un extrait du rôle d'équipage de chaque vaisseau, l'état des vivres et la liste des passagers; et par le magasin général, des états visés du commissaires dudit magasin, des rechanges, munitions, et généralement de tous les effets embarqués sur les bâtiments de charge, destinés pour suivre l'armée : et pendant la campagne, sur les comptes qui seront rendus audit officier, par les officiers chargés du détail particulier sur chaque vaisseau, il verra ce qui pourra manquer à chaque bâtiment, et prendra les ordres du général, pour leur faire fournir ce dont ils auront besoin.

Les extraits des rôles d'équipages, des vivres, etc. et l'état des effets embarqués sur les Bâtiments de suite, seront remis à l'Officier chargé du détail général.

9.

Il lui sera donné par le magasin général, un état de tous les meubles, médicaments et rafraîchissements qui auront été embarqués sur les bâtiments destinés à servir d'hôpitaux à la suite de l'armée.

Il lui sera donné un état des médicaments.

10.

Il lui sera délivré du magasin général, la quantité de papiers de différentes espèces, qui aura été réglée par les états qui seront arrêtés par Sa Majesté, et un cachet aux armes du Roi, qu'il remettra au retour de la mer.

Il lui sera délivré, du Magasin général, le papier nécessaire pour la tenue du détail.

11.

Il aura soin que dans le cours de la campagne, les revues soient exactement faites, après chaque relâche, par les officiers chargés du détail sur les vaisseaux; et qu'il lui en soit remis des extraits signés d'eux, certifiés par tous les officiers de l'état-major, et visés du capitaine-commandant. Il remettra lesdits extraits au général, qui les visera; et lorsque les circonstances le permettront, il prendra l'ordre du général pour faire lui-même ces revues.

Veillera à ce que les revues soient faites après chaque relâche.

12.

Lorsque le général jugera à propos d'envoyer à bord des hôpitaux, les malades qui seront dans les vaisseaux, l'officier chargé du détail de l'armée, donnera des billets qu'il fera viser par le général, pour que lesdits malades y soient reçus, et il aura soin qu'ils soient bien secourus de remèdes et de rafraîchissements.

Donnera des billets pour que les malades soient reçus dans les Bâtiments servant d'Hôpitaux.

13.

Pourvoira à l'établissement des Hôpitaux à terre, lorsque le cas l'exigera.

S'il arrivait qu'après un combat ou quelque accident, il y eût un trop grand nombre de blessés et de malades dans les vaisseaux, et que les bâtiments servant d'hôpitaux en fussent trop remplis, en sorte qu'on ne pût les y assister commodément, et qu'il fût jugé à propos par le général de l'armée ou par le conseil de guerre, de les mettre à terre, l'officier chargé du détail de l'armée, prendra les ordres du général pour faire toutes les dispositions nécessaires pour établir des tentes, ou préparer des logements dans les lieux les plus proches du mouillage.

14.

Fera un état des vivres et rafraîchissements à tirer des Vaisseaux pour le service des Hôpitaux.

Pour cet effet, il formera un état qu'il signera, et au bas duquel sera l'ordre du général, pour tirer des vaisseaux les rafraîchissements et remèdes nécessaires, à proportion du nombre des blessés et des malades que chacun aura; il fera veiller, par les officiers chargés du détail sur chaque vaisseau, à ce que les commis à la distribution des vivres, n'en débarquent que la quantité qui sera ordonnée.

15.

Se transportera sur les prises.

Si les vaisseaux de l'armée ont fait des prises sur les ennemis, il se transportera sur lesdites prises où se rendront de leur côté les officiers chargés du détail particulier des vaisseaux auxquels les bâtiments se seront rendus. Il examinera s'il n'en a rien été diverti, et donnera les ordres du général auxdits officiers, pour que tout ce qui est ordonné par Sa Majesté sur ce sujet, soit exactement exécuté.

16.

Formera l'état de répartition d'équipages et de munitions pendant la Campagne.

Lorsque le général estimera nécessaire de faire des répartitions d'équipages ou de munitions sur les vaisseaux, l'officier chargé du détail de l'armée en formera les états, conformément aux ordres qu'il aura reçus du général; et ce qui devra être tiré des uns et versé dans les autres, ne sera délivré ou reçu qu'en conséquence de l'ordre par écrit que le général mettra au bas desdits états.

17.

Remplacements et achats dans les lieux de relâche.

S'il est jugé nécessaire par le général de faire des rafraîchissements ou des achats pour approvisionnements et radoubs, l'officier chargé du détail de l'armée sera chargé de faire dresser les états desdits rafraîchissements ou approvisionnements, conformément aux demandes qui en auront été faites par écrit par l'officier commandant chaque vaisseau ou autre bâtiment.

18.

Cas de relâche dans les Colonies.

Si l'armée a relâché dans un port de quelqu'une des colonies sous la domination de Sa Majesté, lesdits états, signés de l'officier chargé du détail de l'armée, et visés du général, seront remis à l'intendant de la colonie, et lesdits général et intendant se concerteront ensemble et avec le commandant général de la colonie, sur les moyens de pourvoir aux besoins de l'armée. L'intendant passera et arrêtera les marchés relatifs à l'approvisionnement de l'armée, en présence du général, s'il juge à propos d'y assister, de l'officier chargé du détail de l'armée, et des capitaines ou officiers commandant les vaisseaux ou autres bâtiments, et à leur défaut, des officiers chargés, sous leurs ordres, du détail; lesquels tous signeront au bas desdits marchés, qui seront visés par le général : lesdits marchés seront faits doubles et il en sera remis une copie au général. Tous les approvisionnements seront remis à l'officier chargé du détail de l'armée, et il en sera dressé trois états appréciés; le premier des effets tirés des magasins de la colonie, desquels ledit officier donnera son reçu, visé du général, au garde-magasin; le deuxième, des munitions et marchandises, autres que les comestibles, fournies à l'armée en conséquence des marchés; et le troisième, des comestibles : lesquels deux derniers états seront certifiés par ledit officier chargé du détail général et visés du général de l'armée et de l'intendant de la colonie; et lesdits états seront faits doubles, pour l'une des deux expéditions être remise audit intendant, et l'autre rester entre les mains dudit officier chargé du détail général. Les vivres et effets achetés ou provenants des magasins appartenants à Sa Majesté, seront distribués aux vaisseaux, conformément aux états de demande et aux ordres du général, et il en sera donné à l'officier chargé du détail général de l'armée, par les officiers chargés du détail sur chaque vaisseau ou autre bâtiment, des certificats de réception, visés du capitaine ou officier commandant.

19.

Si l'armée a relâché dans un port étranger où réside un consul pour Sa Majesté, ledit consul sera chargé, conjointement avec l'officier chargé du détail général, de pourvoir à l'approvisionnement de l'armée, conformément aux états qui auront été visés par le général : les marchés seront passés et arrêtés par ledit consul, et il en sera usé du reste, ainsi qu'il est prescrit par l'article précédent.

Cas de relâche dans un Port étranger où réside un Consul.

20.

Si l'armée a relâché dans un port étranger où Sa Majesté n'entretienne pas de consul, l'officier chargé du détail général pourvoira à tous les besoins de l'armée, en conformité des ordres qu'il aura reçus du général : il passera et arrêtera tous les marchés en présence des capitaines commandant les vaisseaux, ou à leur défaut, des officiers chargés du détail, et en se conformant d'ailleurs à tout ce qui est prescrit par l'article 18; l'officier chargé du détail général rapportera les marchés et quittances en bonne forme des fournisseurs; il prendra au surplus toutes les précautions qui paraîtront les plus convenables pour assurer les intérêts de Sa Majesté.

Cas de relâche dans les Ports où le Roi n'entretient point de Consul.

21.

Dans tous les cas, le compte général qui sera formé de toutes les denrées ou effets achetés pour le compte de l'armée, sera visé par le général, à peine de nullité.

Compte général visé par le Général.

22.

Si l'armée relâche dans un port du royaume où résident un commandant de la marine et un intendant ou commissaire ordonnateur, il en sera usé, pour les remplacements à faire, ainsi qu'il est prescrit pour les armements par l'Ordonnance de ce jour, *concernant la régie et administration générale et particulière des ports et arsenaux de marine.*

23.

Les fonds qui seront faits à l'armée, seront remis au Major.

Si Sa Majesté juge à propos qu'il soit fait des fonds à l'armée pour les approvisionnements ou remplacements à faire dans le cours de la campagne, ces fonds seront remis à l'officier chargé du détail de l'armée, sur l'ordre de l'intendant du port, adressé au commis du trésorier général de la marine; et ledit officier en donnera au commis dudit trésorier un récépissé qui sera visé du général.

24.

Par qui les Lettres de change seront tirées.

Si les besoins de l'armée exigent qu'il soit tiré des lettres de change pour le paiement des approvisionnements ou remplacements nécessaires, elles seront tirées par l'intendant de la colonie ou par le consul du port où l'armée aura relâché; et dans les ports étrangers où il n'y aura pas de consul, par l'officier chargé du détail général, soit sur le caissier du munitionnaire général des vivres, soit sur le trésorier général de la marine, suivant la nature des approvisionnements; lesdites lettres de change seront visées par le général, qui en donnera avis, par la plus prompte voie, au secrétaire d'état ayant le département de la marine.

25.

L'Officier chargé du détail général, remettra les registres, procès-verbaux, etc. au Conseil de Marine.

Au retour de la mer, l'officier chargé du détail général de l'armée remettra au conseil de marine, ses registres, ainsi que les procès-verbaux de marchés ou achats de munitions ou effets, les quittances des fournisseurs, les certificats de réception des officiers chargés du détail sur chaque vaisseau, et toutes autres pièces servant à justifier des remplacements et des dépenses dont il aura été chargé, afin que lesdites pièces soient examinées dans le conseil, et qu'il en soit rendu compte à Sa Majesté, conformément à ce qui est prescrit par l'Ordonnance de ce jour, *concernant la régie et administration générale et particulière des ports et arsenaux de marine, titre XVIII, du conseil de marine permanent.*

26.

Il sera remis du Magasin général, à l'Officier chargé du détail d'un Vaisseau, un double inventaire d'armement.

Il sera remis du magasin général, à l'officier chargé du détail d'un vaisseau ou autre bâtiment, un inventaire double, visé du commissaire du magasin général, de tous les agrès, apparaux, ustensiles et munitions ordonnés pour l'armement dudit vaisseau, et un registre coté et paraphé par l'intendant du port, sur lequel se trouvera transcrit ledit inventaire.

27.

L'Officier chargé du détail, remettra à chacun des Maîtres, la feuille des effets dont ils sont chargés.

Il lui sera pareillement remis des feuilles séparées de l'article de chacun des maîtres, visées du commissaire général, lesquelles l'officier chargé du détail signera et remettra à chacun desdits maîtres, afin que sur la présentation d'icelles, il leur soit délivré du magasin les divers ustensiles et munitions y mentionnées; et il sera présent par lui-même, ou par un officier du vaisseau que le capitaine aura nommé, à la délivrance et réception desdits effets.

28.

Les ustensiles et munitions ayant été délivrés, il remettra un des doubles de l'inventaire, signé de lui et visé du capitaine, au garde-magasin pour lui servir de décharge.

Remettra un double de l'Inventaire au Garde-magasin.

29.

Il fera ensuite signer et obliger chacun des maîtres, à son article, sur le registré qu'il aura reçu du magasin général. Lesdits maîtres seront tenus de lui rendre journellement compte des choses qui se consommeront, et de lui en remettre chaque mois un état par écrit signé d'eux. Il emploiera exactement dans ledit registre toutes les consommations, lesquelles seront par lui arrêtées et signées tous les mois, et visées par le capitaine ou officier-commandant.

Fera signer sur le registre, et obliger les Maîtres pour ce qu'ils auront reçu.

30.

Il lui sera remis un état des remèdes simples et composés, drogues, onguents et ustensiles, contenus aux coffres de chirurgie dont la visite aura été faite, conformément à ce qui est ordonné par Sa Majesté, en présence d'un officier du vaisseau nommé à cet effet par le capitaine, et dont la clef aura été remise entre les mains de l'officier chargé du détail pour n'être rendue au chirurgien que lorsque le vaisseau sera sous voile. Il sera rendu compte chaque jour audit officier de détail, par le chirurgien, de la consommation des médicaments et ustensiles, lequel compte ledit officier arrêtera et signera tous les mois, et fera viser par le capitaine-commandant.

Aura l'état des remèdes dont le Chirurgien lui rendra compte.

31.

Il recevra du bureau des armements et vivres un rôle exact des officiers-majors, gens de mer et autres dont l'équipage sera composé; dans lequel rôle il sera fait mention du jour que les appointements et la solde auront commencé, sur quel pied ils doivent être payés à chacun, et des avances qui auront été faites; une liste des passagers, de quelque qualité qu'ils puissent être; et un état des munitions de bouche qui seront embarquées par le munitionnaire général; et du tout il remettra une copie au capitaine.

Recevra du Bureau des armements, classes et vivres, le rôle d'équipage, la liste des passagers et un état des vivres.

32.

Il lui sera remis par le contrôleur, des modèles imprimés ou protocoles de testament, de procès-verbal et de lettres-de-change, auxquels il se conformera lorsque le cas requerra qu'il en fasse usage. Il lui sera pareillement remis du magasin général, la quantité de papier de différentes espèces, qui aura été réglée par les états qui seront arrêtés par Sa Majesté, et un cachet aux armes du Roi, qu'il remettra au retour de la mer.

Recevra un modèle de testament, de procès-verbal, etc. et le papier nécessaire pour la tenue de son détail.

33.

Si après la revue générale, pendant que le vaisseau sera en rade, quelqu'un des gens de l'équipage se trouve hors d'état de faire la campagne, par maladie ou accident, l'officier chargé du détail enverra au bureau des armements un billet signé de lui, certifié du chirurgien et visé du capitaine, dans lequel seront marqués le

Donnera des billets pour les malades qui devront être reçus à l'Hôpital.

nom, le signalement, l'état des hardes du malade et le genre de sa maladie : le bureau des armements portera ledit billet sur son registre, et le fera passer au bureau de l'hôpital où le malade sera conduit par le chirurgien du vaisseau, qui exposera l'état de la maladie, et sera chargé de remettre à l'hôpital les hardes dudit malade : le bureau des armements en fera le remplacement sur le vaisseau, en ayant soin de marquer sur le billet qui sera remis à l'officier chargé du détail le nom de celui à qui le nouveau venu sera substitué; et ledit officier donnera un certificat de l'arrivée de celui-ci à bord, lequel sera visé du capitaine-commandant. Si le vaisseau fait partie d'une escadre, le capitaine prendra les ordres du général avant que d'ordonner que le malade soit débarqué, et l'officier chargé du détail sur le vaisseau remettra à l'officier chargé du détail général de l'escadre, une copie du billet qui lui aura été envoyé par le bureau des armements.

34.

Arrêtera et fera tous les huit jours l'évaluation des rations fournies.

L'officier chargé du détail fera inscrire sur un registre le rôle des gens de mer et autres nourris par le munitionnaire, arrêtera tous les mois toutes les rations qui leur auront été fournies, et en fera au bas l'évaluation en denrées de chaque nature; et l'arrêté du compte, signé de lui, sera visé par le capitaine.

35.

Fera mention sur les rôles, des changements.

Pendant le voyage, ledit officier marquera sur le rôle qui lui aura été remis du bureau des armements, les divers changements qui arriveront dans l'équipage, le jour et le lieu de la mort, de la désertion, ou de la destination sur un autre vaisseau de ceux qui ne s'y trouveront plus, ou le jour de l'arrivée de ceux qui y auront été versés par un autre bâtiment; et ledit rôle sera visé du capitaine.

36.

Fera les revues de l'Equipage, dans le cours des Campagnes.

Après chaque relâche, et aussi souvent que le capitaine l'ordonnera, il fera la revue de l'équipage, à laquelle assisteront tous les officiers de l'état-major, lesquels en certifieront l'extrait qui sera visé du capitaine; et si le vaisseau fait partie d'une armée, escadre ou division, il remettra à l'officier chargé du détail général, un extrait de la revue, dans lequel seront spécifiés les mouvements ou changements survenus depuis la revue générale.

37.

Remplacements et achats pendant la Campagne.

Toutes les demandes qui seront faites pendant la campagne, pour remplacements de consommations ou suppléments, ou pour rafraîchissements, seront signées de lui, et visées du capitaine-commandant, pour être remises à l'officier chargé du détail général de l'armée ou escadre; et si le vaisseau a été expédié pour une mission particulière, et qu'il soit nécessaire de faire des remplacements ou achats dans les colonies françaises, dans un port étranger, ou dans un port du royaume, le capitaine et l'officier chargé du détail, se conformeront, chacun pour ce qui le concerne, à ce qui est prescrit par la présente Ordonnance, en pareil cas, au général et à l'officier chargé du détail de l'armée.

38.

L'officier chargé du détail aura une attention particulière à porter sur les registres tous les ustensiles et munitions qui seront fournis au vaisseau, en remplacement ou supplément, pendant la campagne, d'en signer l'arrêté et de le faire viser par le capitaine : et si le vaisseau fait partie d'une armée, escadre ou division, il fera pareillement viser par le capitaine tous les reçus qu'il en donnera à l'officier chargé du détail général.

Les portera exactement sur les registres.

39.

Lorsqu'il arrivera quelque accident considérable dans le vaisseau, qui donnera lieu à des consommations de mâtures, de cables, d'ancres, et autres de cette conséquence, il en dressera un procès-verbal, qu'il signera conjointement avec l'officier principal de quart, fera certifier par tous les autres officiers de l'état-major, et viser par le capitaine.

Dressera procès-verbal des consommations de matières, etc.

40.

Après le combat, il remettra à l'officier chargé du détail général de l'armée ou escadre, un extrait certifié de tous les officiers, et visé du capitaine, de l'équipage existant; il écrira au bas, nom par nom, les tués et les blessés. Il remettra audit officier un état en même forme, des rechanges qui resteront à bord après que le vaisseau aura été regréé et réparé.

Remettra après le combat, à l'Officier chargé du détail général, l'extrait de l'Equipage, etc.

41.

Si le vaisseau fait une prise sur l'ennemi, l'officier chargé du détail sera envoyé à bord du bâtiment, pour empêcher qu'il n'en soit rien détourné, et sera accompagné par le premier enseigne; il fera un inventaire abrégé du corps et des agrès du bâtiment; il fera fermer les écoutilles, les armoires, les chambres, et y apposera le cachet de Sa Majesté; et si le vaisseau fait partie d'une armée ou escadre, ledit officier recevra les ordres du général, par l'officier chargé du détail de l'armée, lequel doit de son côté se transporter à bord de ladite prise.

Mettra le scellé sur les prises.

42.

Si quelqu'un des officiers ou gens de l'équipage et passagers, étant à la mer, veut faire son testament, ses dernières volontés seront reçues, écrites et signées par l'officier chargé du détail, sur son registre, en présence de l'officier principal de quart, qui les signera aussi, et le capitaine en certifiera la date; et en cas de mort, le testament sera exécuté comme s'il eût été fait dans les formes prescrites et qui s'observent dans les villes du royaume; ledit testament sera déposé au contrôle de la marine, au retour de la mer.

Testament fait à bord.

43.

Les inventaires des hardes de tous officiers, gardes du pavillon et de la marine, aumôniers, chirurgiens, gens de l'équipage et passagers, qui viendront à mourir pendant la campagne, seront faits par l'officier chargé du détail général de l'armée ou escadre, ou à son défaut, par l'officier chargé du détail dans chaque vaisseau, sur le gaillard d'arrière, en présence de tous les officiers et équipages; lesdits

Inventaires des hardes des Officiers, Gardes et tous autres morts pendant la campagne.

inventaires seront signés par l'officier qui les aura faits, et par l'officier principal de quart, certifiés par tous les autres, et visés par le capitaine-commandant.

44.

Apposition de scellé ou vente des effets.

Si la nature des effets constatés par lesdits inventaires permet de les garder sans en craindre le dépérissement, ils seront renfermés dans des malles ou sacs, sur lesquels l'officier qui aura fait l'inventaire apposera le cachet de Sa Majesté : mais si l'on juge nécessaire de les vendre, pour en éviter le dépérissement ou pour procurer des hardes aux matelots qui pourraient en manquer, la vente en sera faite publiquement sur le gaillard d'arrière ; et l'état qui constatera le produit de ladite vente sera revêtu des formes ci-dessus prescrites pour les inventaires.

45

Les hardes ou le produit de la vente, à qui remis au retour de la mer.

Les hardes des officiers et autres personnes mortes à bord, ou le produit de la vente d'icelles, seront gardés en dépôt pendant la campagne, par les soins de l'officier chargé du détail de l'armée, ou à son défaut, de l'officier chargé du détail dans chaque vaisseau ; et seront remis par lui, au retour de la mer, ainsi que les inventaires et les états et produits des ventes,

SAVOIR :

Ceux des officiers et des gardes du pavillon ou de la marine, au major de la marine et des armées navales ;

Ceux des soldats, au major de la division du Corps royal d'infanterie de la marine ;

Ceux des aumôniers, des chirurgiens et des gens de l'équipage, au bureau des armements ;

Et ceux des passagers, aux ordres des intendants des colonies, ou de ceux des ports ;

Pour lesdites hardes ou produits de la vente d'icelles, être gardés en dépôt jusqu'à ce qu'ils soient réclamés par les familles des morts.

46.

Veillera à ce qu'aucun effet ne soit détourné pendant le désarmement.

Lorsque le vaisseau sera rentré dans le port pour désarmer, l'officier chargé du détail veillera à ce qu'il ne soit détourné aucun des effets appartenants à Sa Majesté, et que rien ne soit brisé ni dissipé.

47.

Fera porter au magasin général les coffres de médicaments.

Il fera porter au magasin général, les coffres de remèdes qu'il aura fermés en présence du capitaine et du chirurgien, aussitôt que le vaisseau aura été de retour en rade ; et il en sera usé pour lesdits remèdes remis au magasin, ainsi qu'il est ordonné par Sa Majesté.

48.

Veillera à ce que tout soit rapporté dans les magasins.

L'officier chargé du détail veillera à ce que tout soit rapporté dans les magasins, ainsi qu'il est prescrit par l'Ordonnance de ce jour, *concernant la régie et administration générale et particulière des ports et arsenaux de marine*, et assistera par lui-même ou par un officier que le capitaine aura nommé, à la remise qui sera faite de tous les agrès, apparaux, ustensiles et munitions provenant du désarmement.

49.

Il se fera rapporter les reçus que le garde-magasin aura donnés aux divers maîtres, lors de la remise qu'ils auront faite des effets provenant du désarmement, afin qu'il puisse justifier de la remise desdits effets, lorsqu'il comptera au magasin général.

Se fera rapporter les reçus du Garde-magasin, donnés aux divers Maîtres.

50.

Il fera rendre compte à chaque maître, en présence du capitaine, des choses que chacun aura reçues à l'armement et pendant la campagne; il vérifiera ensuite, récapitulera et arrêtera les consommations sur son registre, au bas de l'article de chaque maître, lesquels arrêtés seront signés de lui et visés du capitaine.

Se fera rendre compte par chaque Maître, vérifiera, recapitulera et arrêtera les consommations sur son registre.

51.

Il remettra les inventaires, registres, rôles, procès-verbaux de consommations, marchés passés pour remplacements et achats de munitions et toutes autres pièces, au conseil de marine, qui en fera l'examen, conformément à ce qui est prescrit par la susdite Ordonnance de ce jour, au *titre XVIII, du conseil de marine permanent*.

Remettra au Conseil de Marine, les inventaires, registres, etc.

52.

Les officiers généraux, commandant les armées navales, escadres et divisions, les majors ou officiers chargés du détail général, les capitaines commandant les vaisseaux, et les officiers chargés du détail sur chaque vaisseau, se conformeront au surplus pour le service à remplir à la mer, dans les ports et rades, et dans le combat, à ce qui leur est prescrit par l'Ordonnance du 25 mars 1765, *concernant la marine*, en tout ce qui n'est pas contraire à la présente Ordonnance.

53.

Veut Sa Majesté que la présente Ordonnance soit exécutée selon sa forme et teneur, à commencer du 1er décembre prochain; dérogeant à toutes Ordonnances et réglements précédemment rendus, et à toutes instructions, commissions ou brevets contraires à icelle.

MANDE et ordonne Sa Majesté à Mons. le duc de Penthièvre, amiral de France, aux vice-amiraux, lieutenants généraux, chefs d'Escadres, majors de la marine et des armées navales, capitaines et autres officiers commandant ses vaisseaux ou autres bâtiments; aux intendants de la marine et des colonies, commissaires généraux ou ordinaires de ses ports et arsenaux de marine, ordonnateurs; aux consuls de France, établis dans les ports appartenants aux puissances étrangères, et à tous autres ses officiers qu'il appartiendra, de tenir la main, chacun en droit soi, à l'exécution de la présente Ordonnance.

Fait à Versailles le vingt-sept septembre mil sept cent soixante-seize. *Signé* LOUIS. *Et plus bas*, DE SARTINE.

*Le duc DE PENTHIEVRE*, *Amiral de France*, etc.

Vu l'Ordonnance du Roi, ci-dessus et des autres parts, à nous adressée: MANDONS, etc.

# ORDONNANCE DU ROI,

*Concernant les Officiers de Port.*

Du 27 septembre 1776.

DE PAR LE ROI.

Sa Majesté considérant que par son Ordonnance de ce jour, *concernant la régie et administration générale et particulière des ports et arsenaux de marine*, elle a attribué aux officiers de port, des fonctions qui les mettent en concurrence continuelle de service avec les officiers de vaisseau : et estimant nécessaire pour la facilité et l'harmonie des opérations, de réunir lesdits officiers de port aux officiers de vaisseau, pour ne former des uns et des autres qu'un seul et même corps, elle a ordonné et ordonne ce qui suit :

ARTICLE PREMIER.

Les capitaines, lieutenants et enseignes de port feront à l'avenir partie des officiers de vaisseau, et il leur sera expédié en conséquence, des commissions et brévets de capitaines, lieutenants et enseignes *de vaisseau et de port.*

2.

Veut néanmoins Sa Majesté que lesdits capitaines, lieutenants et enseignes de port, ne prennent rang dans leur grade respectif, qu'après les capitaines, lieutenants et enseignes de vaisseau, et ne soient portés sur les listes qu'après eux, quelle que soit la date des commissions ou brévets desdits officiers de port qui continueront d'avoir entre eux l'ancienneté qu'ils auront acquise par leur entrée au service, ou par leur avancement.

3.

Les capitaines de port commanderont aux lieutenants et enseignes de vaisseau, et les lieutenants de port aux enseignes de vaisseau, lorsqu'ils se trouveront de service ensemble, soit à terre dans les arsenaux, soit à la mer dans les cas où Sa Majesté jugerait à propos d'y employer lesdits officiers de port.

4.

Les capitaines, lieutenants et enseignes de port porteront le même uniforme que les capitaines, lieutenants et enseignes de vaisseau; Sa Majesté n'entendant mettre d'autre distinction entre les uns et les autres, qu'en ce que les officiers de port seront et demeureront toujours les derniers de leurs grades respectifs.

5.

Aucun officier de port ne pourra opter pour passer de ce détail à un autre, ni quitter le service du port, autrement qu'en se retirant.

6.

Les avancements des officiers de port, d'un grade à l'autre, se feront entre eux, n'auront rien de commun avec ceux des autres officiers de vaisseau, et seront seulement communs entre tous les officiers de port, à quelque département qu'ils soient affectés; se réservant Sa Majesté de faire passer lesdits officiers d'un port dans un autre, lorsqu'elle le jugera nécessaire pour compléter le nombre fixé pour chaque grade dans chaque département.

7.

Les aides de port seront et demeureront supprimés; l'intention de Sa Majesté étant qu'à l'avenir les places qui viendront à vaquer parmi les enseignes de port soient remplies par des capitaines de navires particuliers, et des maîtres d'équipage ou maîtres-pilotes de la marine du Roi, qui par la nature de leurs services et leur intelligence, auront été jugés susceptibles de cette grâce.

8.

Les officiers de port rempliront dans les arsenaux de marine, et les ports et rades, les fonctions qui leur sont attribuées par l'Ordonnance de ce jour, *concernant la régie et administration générale et particulière des ports et arsenaux de marine*, et continueront de jouir des appointements qui leur ont été attribués par l'Ordonnance du 11 janvier 1762.

9.

Dans le cas où Sa Majesté jugerait à propos de nommer un capitaine de ses vaisseaux pour exercer les fonctions de capitaine de port, ledit capitaine conservera son rang parmi les capitaines de vaisseau, et roulera avec eux pour son avancement.

10.

Veut Sa Majesté que la présente Ordonnance soit exécutée selon sa forme et teneur, à commencer du 1er décembre prochain; dérogeant à toutes ordonnances et réglements contraires à icelle.

MANDANT et ordonnant à monsieur le duc de Penthièvre, amiral de France; aux vice-amiraux, lieutenants généraux, commandants de ses ports, chefs-d'escadre; et aux intendants de la marine, commissaires généraux ou ordinaires des ports et arsenaux de marine, ordonnateurs, de tenir la main, chacun en droit soi, à l'exécution de la présente Ordonnance.

Fait à Versailles le vingt-sept septembre mil sept cent soixante-seize. *Signé* LOUIS. *Et plus bas*, DE SARTINE.

*Le Duc DE PENTHIEVRE, Amiral de France, etc.*

Vu l'Ordonnance du Roi ci-dessus et des autres parts, à nous adressée : MANDONS, etc.

# ORDONNANCE DU ROI,

*Portant Réglement sur les Pavillons et marques de commandement que ses Vaisseaux porteront à la mer.*

Du 19 Novembre 1776.

DE PAR LE ROI.

SA MAJESTÉ s'étant fait représenter le titre XVIII du livre III de l'ordonnance du 25 mars 1765, concernant la marine, lequel règle les pavillons et marques de commandement que doivent porter l'amiral, les officiers-généraux, capitaines de vaisseaux et autres officiers de sa marine, commandant ses armées, escadres et divisions : et considérant que la couleur blanche a été de tout temps la marque distinctive de la marine française, et que les pavillons blancs et bleus, et bleus, affectés par ledit titre pour être les marques de commandement des chefs de ses armées, escadres et divisions, selon le nombre de vaisseaux dont elles sont composées, les mettent dans le cas de ne pas être reconnues comme françaises par les flottes et citadelles maritimes des autres puissances ; elle a jugé nécessaire de pourvoir aux moyens de prévenir des méprises qui pourraient compromettre l'honneur de son pavillon, et donner lieu à plusieurs autres inconvénients, et elle a en conséquence ordonné et ordonne ce qui suit :

ARTICLE PREMIER.

La marque de commandement du Chef d'une Armée, Escadre ou Division, sera toujours toute blanche.

Dans quelque occasion que ce soit, et de quelque nombre de bâtiments que soient composées les armées, escadres et divisions, la marque de commandement du chef qui sera à leur tête ne pourra jamais être que toute blanche.

2.

Pavillon de l'Amiral.

Le seul vaisseau que montera l'amiral en personne, portera au grand mât, un pavillon carré blanc, avec l'écusson de France au milieu, et deux ancres en sautoir derrière l'écusson.

3.

Pavillon du Vice-amiral.

Un vice-amiral commandant en chef une armée, portera un pavillon carré blanc au grand mât.

4.

Pavillon du Lieutenant général.

Un lieutenant général, soit qu'il commande en chef une escadre, ou qu'il soit employé en sa qualité sous l'amiral ou sous un vice-amiral, portera un pavillon carré blanc au mât de misaine.

5.

Un chef d'escadre, soit qu'il commande en chef une escadre, ou qu'il soit employé dans une armée ou escadre en sa qualité, sous un officier général d'un grade supérieur, portera un pavillon carré blanc au mât d'artimon. Pavillon du Chef d'Escadre.

6.

Un capitaine de vaisseau commandant en chef une division, de quelque nombre de bâtiments qu'elle soit composée, portera un guidon blanc au grand mât, placé comme un pavillon. Marque de commandement d'un Capitaine de Vaisseau.

7.

Un officier de la marine du Roi, dont le grade sera au-dessous de celui de capitaine de vaisseau, et qui aura sous ses ordres plus d'un bâtiment de Sa Majesté, portera au grand mât un guidon blanc envergué, flottant comme une flamme. Marque de commandement d'un Officier de la Marine, au-dessous du grade de Capitaine.

8.

Tout vaisseau, frégate ou autre bâtiment appartenant à Sa Majesté, étant seul, quelque grade qu'ait l'officier qui le commande, ne portera qu'une flamme blanche au grand mât. Marque de tout Bâtiment de guerre, ou autre, appartenant à Sa Majesté, étant seul.

9.

Tous les vaisseaux, frégates et autres bâtiments appartenants à Sa Majesté, réunis par son ordre, ou fortuitement, sous le commandement d'un officier général, capitaine de vaisseau ou autre officier de sa marine, à la mer ou dans les rades, porteront tous, sous le pavillon ou guidon de celui qui commandera, une flamme blanche au grand mât, cette flamme ne devant être considérée que comme la marque spéciale distinctive de tout bâtiment appartenant à Sa Majesté. Marque distinctive de tout Bâtiment appartenant à Sa Majesté.

10.

Dans les grandes armées, où il est essentiel que les trois corps principaux ou escadres qui les composent aient des marques de commandement qui les distinguent entre eux, le général de l'armée, qui dans l'ordre de bataille se trouve au centre du premier corps ou escadre appelée *escadre blanche*, portera un pavillon carré blanc au grand mât. Pavillons de commandement distinctifs pour les trois Corps ou Escadres qui composent une Armée. Pavillon de distinction du Général de l'Armée et du premier Corps ou *Escadre blanche.*

11.

L'officier général, quel que soit son grade, commandant sous les ordres du général, le second corps ou escadre appelée *escadre blanche et bleue*, portera un pavillon carré, mi-partie blanc et bleu au grand mât. Pavillon de distinction de l'Officier général commandant le second Corps ou *Escadre blanche et bleue.*

12.

L'officier général, quel que soit son grade, commandant sous les ordres du général, le troisième corps ou escadre appelée *escadre bleue*, portera un pavillon carré bleu au grand mât. Pavillon de distinction de l'Officier général commandant le troisième Corps ou *Escadre bleue.*

13.

Chacun des trois corps de l'armée, étant ensuite partagé en trois divisions, les Pavillon de distinction des

Officiers généraux à la tête des secondes Divisions de chaque Escadre.

officiers généraux qui seront à la tête des secondes divisions de chacun de ces trois corps, porteront au mât de misaine, le pavillon carré de la couleur de leur escadre.

14.

Pavillon de distinction des Officiers généraux à la tête des troisièmes Divisions de chaque Escadre.

Les officiers généraux qui seront à la tête des troisièmes divisions de chaque corps, porteront au mât d'artimon, le pavillon carré de la couleur de leur escadre.

15.

Marque de distinction des Officiers généraux qui ne commanderont dans une Armée ni Escadre ni Division.

S'il y a d'autres officiers généraux dans l'armée qui ne commandent ni corps ni division, ils porteront au grand mât un guidon de la couleur de l'escadre à laquelle ils seront attachés.

16.

Flammes distinctives des Vaisseaux et autres Bâtiments de l'Armée.

Les capitaines des vaisseaux et autres officiers commandant les bâtiments de l'armée, porteront les flammes de la couleur de leur escadre au mât qui indique la division dont ils seront.

17.

Marques distinctives des Capitaines des Vaisseaux de l'Armée remplaçant les Officiers généraux dans les Escadres et leurs Divisions.

Si dans une armée il n'y a pas autant d'officiers généraux qu'il en faudrait pour en mettre à la tête des trois escadres et de leurs divisions, les capitaines des vaisseaux de l'armée à qui on donnera ces commandements, porteront, aulieu de pavillons carrés au mât qui indiquera la division qui sera à leurs ordres, des guidons de la couleur de l'escadre dans laquelle ils seront employés en cette qualité.

18.

Dans les Escadres moins nombreuses que les Armées, il ne sera employé, autant qu'il sera possible, que la couleur blanche, en marquant les Divisions par les mâts auxquels seront placées les marques de distinction.

Les pavillons mi-partie blancs et bleus, et tout bleus ne seront employés que dans les grandes armées dont la force exigera ces marques de distinctions d'escadres et de divisions particulières; et dans les escadres moins nombreuses, il ne sera, autant qu'il sera possible, employé que la couleur blanche pour en marquer les divisions.

19.

Le Commandant d'un Détachement de Vaisseaux séparé de l'Armée, ne portera, pendant tout le temps qu'il en sera séparé, que la marque distinctive de son grade, toute blanche.

Si le général de l'armée en faisait un détachement auquel il donnât une mission particulière qui l'en séparât, le commandant de ce corps séparé, s'il portait dans l'armée un pavillon de division mi-partie blanc et bleu, ou tout bleu, le quittera pendant le temps de sa séparation, pour porter le pavillon blanc de son grade, et tous les vaisseaux à ses ordres en useront de même, et ils ne remettront les marques de distinction qu'ils portaient dans l'armée, que lorsqu'ils l'auront rejointe.

20.

Ordres particuliers de Sa Majesté sur les Pavillons, suivant les circonstances.

Nonobstant la disposition générale des pavillons affectés aux grades des officiers généraux, portés par les articles 3, 4 et 5, Sa Majesté se réserve de donner des ordres particuliers sur les pavillons qu'elle voudra que les commandants de ses armées ou escadres portent, selon la force desdites armées ou escadres, ou les circonstances de leur destination.

21.

Si le général est obligé de changer de vaisseau par la suite du combat, ou dans quelqu'autre circonstance, il portera son pavillon sur celui des vaisseaux de l'armée qu'il jugera à propos de choisir.

*Le Pavillon suivra le Général s'il change de Vaisseau.*

22.

En cas de mort du général, ou d'absence par maladie, ou autrement, le pavillon qui lui était affecté demeurera arboré au même mât pendant le reste de la campagne, sous le commandement de l'officier général ou autre qui commandera l'armée, soit qu'il passe sur le vaisseau que le général a laissé vacant, soit qu'il préfère de conserver son propre vaisseau, sur lequel, en ce cas, le pavillon sera porté, et la même chose sera observée pour les autres pavillons dans les mêmes circonstances.

*Les Pavillons du Général et autres Officiers généraux absents ou morts, continueront d'être portés pendant la durée de la Campagne.*

23.

Deux escadres ou divisions se rencontrant à la mer, ou dans les rades, si leurs commandants portent des marques de commandement à la même place, le commandant moins ancien changera la marque du sien, en prenant celle de distinction immédiatement inférieure à l'autre, tant qu'ils resteront ensemble.

Il en sera usé de même, si un officier général se trouve employé dans une escadre, sous le commandement d'un autre officier général du même grade.

*Rencontre d'Escadres portant le même Pavillon.*

24.

Pour conserver à la flamme blanche au grand mât, qui caractérise spécialement tout bâtiment appartenant à Sa Majesté, le respect et la prééminence qui lui est dûe, les seuls bâtiments appartenants à Sa Majesté, et armés pour son service, auront le droit de la porter à la mer, dans les ports et rades du royaume, et dans les rades étrangères.

*La Flamme blanche au grand mât ne sera portée que par les Bâtiments appartenants à Sa Majesté.*

25.

Un officier de la marine royale, commandant un bâtiment de guerre ou de commerce, même quand il appartiendrait à Sa Majesté, s'il n'est pas armé directement pour son service et à sa solde, ne pourra jouir, pendant tout le temps qu'il aura ce commandement particulier, d'aucune des marques de distinction et prérogatives attachées à la marine royale, et qui la carectérisent; et quel que soit son grade, il n'en portera jamais la marque.

*Un Officier de la Marine royale, commandant un Bâtiment qui ne sera pas armé pour le service de Sa Majesté, ne pourra porter aucune marque, ni jouir d'aucune prérogative attachée à la Marine royale.*

26.

Dans les grandes rades de commerce, aux colonies françaises ou chez l'étranger, où il se trouve toujours beaucoup de bâtiments marchands français rassemblés, l'ancien capitaine-marchand, chargé de la police des bâtiments de sa nation en l'absence des bâtiments du Roi, ne portera qu'au mât de misaine, la flamme blanche destinée à le faire reconnaître, et il l'amènera dès qu'un batiment de Sa Majesté voudra mouiller dans cette rade.

*Marque distinctive de l'ancien Capitaine Marchand Français, ayant la Police des Bâtiments de sa Nation dans les grandes Rades de Commerce, aux Colonies, ou chez l'Etranger.*

27.

*Permission aux Corsaires d'arborer la Flamme blanche à la mer, selon les circonstances.*

Il sera permis, pendant la guerre, aux bâtiments armés en course pour le particulier, de mettre la flamme blanche au grand mât, mais seulement quand ils seront à la mer, et dans les circonstances où ils croiront cette marque de distinction nécessaire au succès de leur manœuvre. Dans tous les cas ils l'amèneront devant tout bâtiment de Sa Majesté.

28.

*Pavillon du Canot du Général et de ceux des Officiers généraux et Capitaines de Vaisseau.*

Le seul général commandant en chef l'armée ou escadre, portera un pavillon blanc à l'avant de son canot, pour le distinguer des autres officiers généraux et des capitaines de vaisseau, qui ne le porteront qu'à la poupe.

29.

*Pavillon des mâts des Canots.*

Le général commandant l'armée ou escadre, portera son pavillon de distinction au mât de son canot; et si l'armée est partagée en trois corps, dont chacun ait sa couleur, les commandants des second et troisième corps porteront également au mât de leur canot leur pavillon de distinction, pour être reconnus des vaisseaux de l'armée.

30.

*Guidons et Flammes des Canots.*

Les officiers généraux qui ne commanderont aucun corps dans l'armée, les capitaines chefs de divisions et les autres capitaines commandants, porteront au mât de leur canot un guidon ou flamme, selon qu'il est attribué à leur grade ou à leur division.

31.

*Prérogatives des Canots de l'Amiral et des Vice-amiraux Commandants.*

Les canots de l'amiral, ou en son absence du vice-amiral, porteront, lorsqu'ils y seront embarqués en personne, leur pavillon en avant, soit dans le port, soit en rade ou à la mer; mais les autres officiers généraux amèneront leur pavillon d'avant en rentrant dans le port, s'ils ne commandent qu'en rade, ou en entrant en rade, s'ils ne commandent que dans le port, et qu'il y ait un officier général en rade.

32.

*Couleur des Pavillons de poupe et de beaupré.*

Les pavillons de poupe et de beaupré seront toujours blancs, soit pendant la navigation, soit pendant le combat, quelle que soit la couleur des pavillons, guidons ou flammes de distinction que les vaisseaux porteront.

33.

*Proportions des Pavillons de Commandement.*

Les pavillons de commandement mis au haut des mâts, auront de guindant un tiers de la longueur du maître-bau du vaisseau sur lequel ils seront arborés, et un tiers plus de battant que de guindant.

34.

*Proportions des Guidons et Flammes.*

Les guidons auront de guindant ou envergure, deux neuvièmes du maître-bau, et de longueur les deux tiers du maître-bau du vaisseau sur lequel ils seront arborés; ils seront fendus dans les deux tiers de leur longueur, et terminés en pointe. Les flammes auront un neuvième du maître-bau d'envergure, et de longueur une fois le maître-bau, et un tiers en sus.

35.

Le général de l'armée ou escadre, et tous les officiers généraux, porteront trois fanaux à la poupe de leur vaisseau. Le général portera de plus un fanal dans la grande hune; et si l'armée est partagée en trois corps, les commandants des second et troisième corps porteront aussi un fanal dans la grande hune. Fanaux de poupe et de hune

Tous les autres vaisseaux de l'armée et autres bâtiments à la suite, ne porteront qu'un fanal à poupe.

36.

Le vaisseau amiral dans les ports de Brest, Toulon et Rochefort, et dans les autres ports de Sa Majesté, portera un pavillon carré blanc au grand mât. Pavillon du Vaisseau Amiral dans le Port.

37.

Les pavois seront, pour les seuls vaisseaux, frégates et autres bâtiments de Sa Majesté, de couleur bleue, bordés de blanc, et semés de fleurs-de-lys jaunes. Pavois pour les Vaisseaux et autres Bâtiments.

38.

Veut Sa Majesté que tout ce qui est prescrit par la présente Ordonnance soit exécuté selon sa forme et teneur, dérogeant en ce à toutes ordonnances contraires à icelle.

Mande et ordonne Sa Majesté à monsieur le duc de Penthièvre, amiral de France, aux vice-amiraux, lieutenants généraux, chefs d'escadre, majors de la marine et des armées navales, capitaines de vaisseau et autres officiers commandant ses vaisseaux et autres bâtiments, et à tous autres ses officiers qu'il appartiendra, de tenir la main, chacun en droit soi, à l'exécution de la présente Ordonnance. Fait à Versailles dix-neuf novembre mil sept cent soixante-seize. *Signé* LOUIS. *Et plus bas*, DE SARTINE.

*Le Duc DE PENTHIEVRE, Amiral de France, etc.*

Vu l'Ordonnance du Roi, ci-dessus et des autres parts, à nous adressée : MANDONS, etc.

# RÉGLEMENT

*Que le Roi a fait expédier pour déterminer le Service de ses Troupes d'infanterie, à bord de ses vaisseaux et frégates, et ce qui doit être pratiqué à l'égard de celles passagères pour les Colonies, ou employées à la garde des Ports.*

Du 24 décembre 1787.

## DE PAR LE ROI.

SA MAJESTÉ ayant réglé par son ordonnance du 1er janvier 1786, que les garnisons de ses vaisseaux et frégates seraient fournies en temps de guerre par des détachements de ses troupes de terre, et voulant statuer sur l'embarquement et traitement de celles passagères ou qui seront employées à la garde des ports, elle a ordonné et ordonne ce qui suit :

## TITRE PREMIER.

### *Garnisons des Vaisseaux et Frégates.*

ARTICLE PREMIER.

Ordres à adresser par le Secrétaire d'état de la guerre.

Lorsque Sa Majesté voudra faire fournir des garnisons de ses troupes de terre à ses vaisseaux et frégates, elle en fera adresser l'ordre par le secrétaire d'état ayant le département de la guerre, aux commandants de ses troupes dans les ports de Brest, Toulon, Rochefort et l'Orient, en leur indiquant si les détachements seront fournis par les bataillons qui sont en garnison, ou par des détachements particuliers envoyés pour ce service.

2.

Les Capitaines en second seront employés à ce service; les Capitaines commandants resteront à leurs Compagnies.

L'intention du Roi est de n'employer à ce service que les capitaines en second, et que les capitaines commandants restent à leurs compagnies.

3.

Les Vétérants et les Compagnies de grenadiers et chasseurs en sont exceptés.

La nature du service de mer exigeant des hommes en état de la soutenir, on n'y fera marcher que des hommes sains et bien constitués, de l'âge de vingt à trente-cinq ans : les vétérans, ainsi que les compagnies de grenadiers et chasseurs ne fourniront jamais à ce service.

4.

Il sera attaché à chaque Détachement un Capitaine commandant qui restera à terre, avec un Sergent-major, un Fourrier ou Sergent.

Lorsque Sa Majesté destinera des détachements de différents régiments pour la garnison des vaisseaux, il sera toujours attaché à chacun, un capitaine-commandant chargé uniquement de la comptabilité et du détail dont il rendra compte tous les mois au conseil d'administration de son corps, ainsi que des mutations : il aura avec lui un sergent-major et un fourrier ou sergent, qui ne s'embarqueront jamais, et qui pourront être choisis par les vétérans.

5.

Force des Détachements d'après celle des Bâtiments.

Les détachements de garnison seront composés relativement à la nature du service qu'ils ont à faire à bord des vaisseaux et frégates du Roi, et ainsi qu'il est indiqué par le tableau annexé au présent réglement n° 1^er; quant aux autres bâtiments du Roi d'un rang au dessous de ceux désignés dans cet état, ils seront fournis par le corps royal des canonniers matelots.

Soit que le Roi fasse fournir les détachements par les régiments qui se trouveront dans les ports, ou par des détachements particuliers, ils seront toujours formés de la même maniere. Les détachements des frégates seront toujours commandés par un lieutenant en premier ou en second.

6.

Tour à marcher des Officiers.

Les officiers marcheront par rang d'ancienneté, mais ceux qui ont tenus garnison sur les vaisseaux, la guerre derniere, ne pourront être commandés pour ce service, qu'après que tous les autres auront marché à leur tour, à moins qu'ils n'aient changé de grade.

7.

Remplacement des Officiers malades.

Si des officiers se trouvent incommodés et dans le cas de ne pouvoir soutenir la mer, ils seront remplacés par d'autres du même grade et tirés du même régiment, toutes les fois que le temps pourra le permettre, et sur la demande qui en sera faite au secrétaire d'état de la guerre, par l'officier de son département qui commandera dans le port.

8.

Remplacement des Officiers promus à d'autres grades.

Si pendant que les officiers se trouveront détachés, ils changeaient de grade, par les mutations de leurs corps, Sa Majesté approuve qu'ils soient relevés, lorsque le vaisseau ou frégate sur lequel ils seront embarqués, aura désarmé dans un port de France, mais aucun officier ne pourra s'absenter, que celui qui doit le remplacer ne soit arrivé.

Dans le cas où un détachement serait désarmé dans un autre port que celui où il aurait armé, l'officier dudit détachement qui aurait changé de grade sera tenu d'accompagner sa troupe jusqu'au lieu du dépôt, à moins qu'il n'ait avis du commandant dudit dépôt, que celui qui doit le remplacer y soit arrivé, et qu'il reste au détachement le nombre d'officiers suffisant pour le conduire à sa destination.

TITRE I^er.

9.

Deux cents livres à chaque Officier pour tenir lieu d'Etape et de Conduite.

En conséquence de l'article précédent, Sa Majesté veut bien accorder une gratification de deux cents livres à chaque officier, pour lui tenir lieu d'étape et de conduite, conformément à ce qui se pratique dans la marine; l'avance en sera faite par la caisse du régiment pour le remplaçant, et par le commandant du détachement pour le remplacé, et le remboursement ordonné par le secrétaire d'état de la guerre, sur la demande de l'officier commandant dans le port.

10.

Les Détachements absents seront passés comme présents sur les Revues des corps.

Les détachements destinés aux garnisons des vaisseaux seront passés absents comme présents dans les revues de leur corps, et le conseil d'administration recevera pour comptant du trésorier général de la guerre, les reçus qui auront été fournis par l'officier chargé du détail de chaque détachement, aux différents trésoriers principaux de la guerre employés dans les provinces.

11.

Fournitures des Vêtements de mer faites par les Magasins du Roi.

Le Roi fera délivrer de ses magasins, à chaque bas officier, fusilier et tambour, la premiere fois qu'il s'embarquera, un sarrau et une grande culotte de toile, avec deux chemises bleues; mais l'intention de Sa Majesté est qu'ils soient chargés de leur entretien et remplacement en cas de besoin. Il sera tenu à cet effet un état des livraisons, par le commissaire des guerres du département.

Sa Majesté se propose néanmoins de remplacer cette fourniture à ceux des détachements qui en auraient été privés par quelque cause de force majeure que ce soit, dont le commandant du détachement rapporterait un procès-verbal signé du major du vaisseau, et visé par le capitaine, au commandant des troupes de terre dans le port de son embarquement.

12.

Les Commandants de la marine préviendront le Commandant de terre du nombre de Bâtiments pour lesquels il faudra fournir des Détachements.

Lorsque les vaisseaux ou frégates seront prêts à aller en rade, le commandant de la marine préviendra quelques jours à l'avance, le commandant de terre, du nombre de vaisseaux ou frégates, et du jour où ils pourront recevoir leur garnison, (ce qui sera toujours celui de la sortie du port pour aller en rade) afin qu'il ait le temps de former les détachements et de les faire arrever s'ils étaient éloignés du port.

13.

Traitement des Officiers, Bas-officiers et Soldats, en cas de retard, jusqu'au moment de leur Embarquement.

Dans le cas où les détachements ne pourraient pas, par quelque circonstance que ce soit, s'embarquer le jour de leur arrivée, ils seront logés, soit dans les casernes de terre, soit dans celles de la marine, et il sera fourni sur les ordres de l'intendant de ce département, une ration de vivres à chaque bas officier et soldat; et trois livres par jour à chaque officier, pour lui tenir lieu de nourriture et de logement, ainsi qu'une ration en nature ou en argent, pour son domestique.

Un détachement arrivant à bord après la distribution du déjeûner, du dîner ou du souper, recevera le repas qu'il aura manqué, de même que celui qui serait débarqué trop tard pour pouvoir se rendre le même jour à son dépôt, aura sa subsistance pour le jour de son débarquement.

14.

Le commandant du détachement passera en arrivant au port, une revue du commissaire des guerres et une du commissaire de la marine; il remettra à ce dernier un contrôle de son détachement, y compris les valets, dont le modele est annexé au présent réglement, n° 2, contenant les noms, surnoms, qualités, lieux de naissance, etc., avec une case d'observations pour chaque individu; il en remettra un pareil au major du vaisseau ou frégate, et en gardera un troisieme, sur lequel il aura la plus grande attention de marquer tous les changements ou mutations par dates jusqu'au jour de son débarquement: ces deux derniers contrôles doivent être certifiés par le commissaire de la marine qui aura fait la revue du détachement; il remettra un pareil contrôle au commandant de terre.

Chaque détachement passé en revue par le Commissaire des guerres et celui de la marine. Contrôles à établir.

15.

Le commandant des troupes de terre donnera à chaque commandant de détachement un ordre par écrit, qui lui indiquera le vaisseau ou frégate sur lequel il devra tenir garnison; et lorsqu'il en désarmera, il en fera mettre l'époque au bas dudit ordre par le commandant de la place.

Le Commandant de terre donnera par écrit un ordre qui désignera le Vaisseau sur lequel le Détachement doit s'embarquer.

16.

Avant de s'embarquer, chaque commandant de détachement s'adressera au commissaire des guerres qui lui fera délivrer un sarrau et une grande culotte de toile, avec deux chemises bleues par homme, conformément à l'article 11 du présent réglement.

Délivrance des Vêtements de mer.

17.

Du moment qu'un officier aura l'ordre de s'embarquer, et que son détachement aura été nommé, il lui sera délivré par le commandant du dépôt chargé du détail, trois mois de solde d'avance, tant pour les campagnes d'Amérique que pour celles au delà du cap de Bonne-Espérance.

Avances et Fournitures à faire par la Marine pour les Domestiques.

Ces avances seront employées à munir les soldats de quatre chemises blanches, quatre paires de souliers et d'une augmentation de tous les autres objets qui leur seront nécessaires, pour éviter d'en acheter dans les colonies où ils sont plus chers. Les officiers seront tenus de se fournir de lits de bord ou hamacs à l'anglaise: la marine fournira un hamac et une couverture pour leurs domestiques.

18.

L'intention du Roi étant qu'il ne soit fourni, à bord de ses vaisseaux et frégates, qu'une ration simple à chaque homme; Sa Majesté accorde un supplément de sept livres dix sols par mois à chaque sergent, caporal, appointé, tambour et fifre, pour leur tenir lieu des demi-rations, du jour de l'embarquement à celui du déparquement.

Traitement à bord pour tenir lieu des Demi-Rations.

L'intendant de la marine fera payer au commandant du détachement, trois mois d'avance de ce supplément, d'après la revue du commissaire de la marine, et le décompte n'en sera fait qu'au désarmement, sur le cértificat du major du vaisseau, visé du capitaine.

19.

Un Valet passé à chaque Officier, et comment il est traité.

Il sera également payé à chaque officier de garnison de vaisseau ou frégate, par le département de la marine, un valet à quinze livres par mois, lequel recevra en outre une ration de la cale; il lui sera remis en s'embarquant, d'après la revue du commissaire, trois mois d'avance, et le décompte en sera fait au désarmement.

20.

Les Avances resteront au Détachement, quand même il débarquerait avant l'expiration des trois mois.

Si la garnison d'un bâtiment débarquait avant que les trois mois fussent expirés, elle ne sera pas tenue de rendre les avances qu'elle aura reçues, parce qu'elles ont dû être employées en approvisionnement, mais si le détachement se rembarquait, il ne recevrait des avances qu'au prorata de celles qu'il aurait touchées sur le premier bâtiment; de manière que s'il avait été embarqué deux mois sur un bâtiment qui aurait désarmé, et qu'il repassât sur un autre, il tiendrait compte du mois qu'il aurait été désarmé.

21.

Traitement à bord des Officiers, et Objets dont ils doivent se pourvoir.

Le Roi accorde à chaque officier de garnison de vaisseau ou de frégate, un traitement payé par la marine, de trois livres par jour, avec une ration de la cale, en Europe, et un supplément de dix sous, dans les campagnes du continent, ou aux îles de l'Amérique, d'Afrique, d'Asie, au-delà du tropique, à compter du jour où le bâtiment abordera dans la colonie, jusqu'à celui où il abordera à son retour dans un port d'Europe.

Au moyen de ce traitement, qui est le même que celui des officiers de sa marine, l'intention de Sa Majesté est qu'ils vivent tous ensemble à la table qui doit être tenue par le premier lieutenant du bâtiment, auquel le département de la marine fera remettre les trois mois d'avance.

Chaque officier sera tenu d'avoir un couvert d'argent, un gobelet, vingt-quatre serviettes, et se conformera en tout point à ce qui est prescrit pour les tables à bord, par l'ordonnance de la marine du 1er janvier 1786.

22.

Visite des Hommes avant l'Embarquement.

Avant d'embarquer un détachement de garnison, lorsqu'il aura été tiré, l'officier qui doit le commander fera visiter exactement tous les hommes qui le composent, pour s'assurer qu'aucun n'est attaqué de la maladie vénérienne, ou d'un commencement de scorbut; et il n'en sera embarqué aucun qui ne soit reconnu bien sain.

23.

Contrôle du Détachement à remettre au Capitaine du bâtiment.

Lorsque le détachement arrivera à bord d'un bâtiment, le commandant remettra au capitaine un contrôle de tous ses individus, y compris les valets, dans la forme indiquée à l'article XIV du présent réglement; il lui demandera ses ordres, et de lui faire connaître les logements, le service, les postes, tant en rade qu'en cas de combat, et il exécutera ponctuellement tout ce qui lui sera par lui ordonné.

24.

Logement des Officiers à bord.

L'intention du Roi est que le commandant du détachement ait un poste dans le vaisseau ou frégate, le plus commode possible, relativement au détail dont il est chargé, après tous les lieutenants de vaisseau, et avant tous les sous-lieutenants; les autres officiers seront aussi logés, avant tous les sous-lieutenants, immédiatement après le commandant du détachement.

Ces logements une fois déterminés ne pourront être changés, sous quelque prétexte que ce soit, le détachement faisant partie de l'équipage.

25.

Soute fournie pour déposer les Effets du détachement. Visite de la Buffleterie à faire.

Il sera fourni à bord de chaque bâtiment, une soute ou autre endroit, au commandant du détachement, pour renfermer les effets des soldats, attendu qu'on ne doit laisser dans leur sac que ce qui leur est nécessaire journellement pour éviter les pertes.

La buffleterie étant fort sujette à se gâter à bord des bâtiments, il sera fourni par la marine un ou plusieurs coffres pour la déposer, et les soldats ne s'en serviront qu'au besoin; mais dans les beaux temps, et lorsque le capitaine le permettra, on la visitera, nettoiera et entretiendra en état.

26.

Remplacement des Hommes pendant que le Bâtiment sera en partance.

Lorsque le bâtiment sera en partance, sur l'ordre que le capitaine en donnera au commandant du détachement, celui-ci demandera par écrit au commandant de terre dans le port, le remplacement des hommes dont il aura besoin, en spécifiant les causes et les grades des hommes. Le sergent, caporal, appointé, tambour et fifre qui remplacera, jouira du traitement des demi-rations, du jour de son embarquement, ainsi que du sarrau et de la grande culotte de toile, et des deux chemises bleues qui avaient été délivrées à celui qu'il remplace.

Mais s'il arrivait que le départ précipité d'un vaisseau ou d'une frégate, ne permît pas au commandant de terre d'effectuer ce remplacement, soit à cause de l'éloignement du dépôt, soit parce qu'il serait épuisé; dans ces deux cas, le commandant de la marine y pourvoira par des soldats du corps royal des canonniers-matelots; et un détachement de garnison ne pourra être tiré de différents régiments, à moins qu'il n'y manque plus de dix hommes.

27.

Fourniture du Tabac au Détachement.

Il sera délivré à chaque soldat ou bas-officier, en s'embarquant, trois livres de tabac, en payant, conformément à ce qui se pratique pour les matelots : le roi dérogeant pour ce cas seulement, à son ordonnance relative à la fourniture du tabac à ses troupes de terre. Au surplus, il en sera usé pour cette fourniture, après l'expiration des trois mois, comme pour les gens de l'équipage, dont le détachement d'infanterie fait partie.

28.

Traitement à l'Hôpital de terre, des Hommes qui tomberont malades en rade.

Si pendant que les vaisseaux et frégates seront en rade, il tombe des soldats malades, ils seront envoyés à l'hôpital militaire de terre, et ne rentreront à bord que lorsqu'ils seront parfaitement guéris.

TITRE Ier.

29.

Police à bord.

Les officiers de garnison feront exécuter très-promptement tous les ordres du capitaine, du major et de l'officier de quart, et seront chargés et responsables à bord, de la police, discipline et tenue de leur détachement, comme à terre; et de veiller à ce que les soldats se conforment à tout ce qui se pratique dans le vaisseau, conformément à l'ordonnance du 1er janvier 1786.

30

Punitions.

Les punitions des fers et des retranchements de vin étant supprimées, l'intention du Roi est que pour tous les cas où l'on punit les matelots par des coups de corde, le soldat le soit par des coups de plat de sabre, et qu'il ne soit mis aux fers que dans le cas où son délit exigerait que l'on s'assurât de sa personne.

31.

Remplacement d'un Bas-officier cassé ou resté à l'Hôpital d'une Colonie.

Si un bas-officier se met dans le cas d'être cassé, il sera remplacé tout de suite par le commandant du détachement, qui choisira le meilleur sujet provisoirement, pour en remplir les fonctions, et il jouira des avantages qui y sont attachés; mais il faudra qu'à son débarquement il soit confirmé dans son grade par le commandant du dépôt, d'après le compte qui lui sera rendu de la conduite de l'homme.

Si un sergent, caporal, appointé, tambour et fifre, reste à l'hôpital d'une colonie, il sera remplacé par un postiche, qui jouira du traitement des demi-rations, tant qu'il fera ce service.

32.

Traitement à bord et dans les Hôpitaux de la marine ou de la guerre, des Officiers, Bas-officiers et Soldats malades. Contrôle à tenir et extraits mortuaires à retirer.

Si dans le cours de la campagne il tombe des soldats malades, ils seront traités à bord par les chirurgiens, ou envoyés dans les hôpitaux du département de la marine, lorsqu'il n'en existera pas de celui de la guerre, et la dépense sera toujours au compte du département duquel l'hôpital dépendra.

A l'égard des officiers, ils seront également traités à bord et reçus dans les hôpitaux de la marine, comme il est expliqué ci-dessus; et on se conformera au réglement du Roi, du 27 mai 1785, qui fixe les retenues à faire, et les formalités à remplir pour leur admission dans lesdits hôpitaux.

Le commandant du détachement marquera exactement sur son contrôle, les époques d'entrée et de sortie, et les hôpitaux dans lesquels il laissera des malades hors d'état de s'embarquer, lorsque le bâtiment appareillera d'une rade ou d'une colonie. Il aura soin aussi de retirer les extraits mortuaires des décédés, et de faire remplir les billets d'entrée, des noms de baptême, de famille, de guerre, lieux de naissance et jurisdictions des hommes, pour en faciliter l'expédition et l'exactitude pour les familles.

33.

Le Commandant du Bâtiment pourra seul permettre de descendre à terre.

Dans les rades et le séjour aux colonies, le commandant du détachement ne laissera descendre personne à terre sans la permission du capitaine du vaisseau; et lorsqu'il l'aura obtenue, il aura attention que les soldats n'emportent aucun effet furtivement, et fera descendre avec eux un bas-officier qui sera chargé de les rassembler, et de les faire rembarquer à l'heure prescrite par le capitaine.

34.

Police des Soldats ivres.

Si des soldats rentraient ivres à bord, ils seront condamnés à recevoir quinze coups de plat de sabre, à l'heure de la garde montante.

35.

Faire mettre aux fers un Soldat convaincu de vol.

Si quelque soldat était convaincu d'avoir volé des effets à bord, il sera mis aux fers, si c'est sous voiles, jusqu'à son arrivée dans un port de France; et en arrivant, il sera remis au commandant des troupes de terre, pour être jugé suivant l'exigence du cas.

36.

La Punition infligée sur l'ordre du Capitaine du Bâtiment.

Le commandant du détachement, comme chargé de sa police immédiate, prendra directement les ordres du capitaine du bâtiment, pour faire infliger aux soldats une punition quelconque, qu'il aura jugé qu'ils auront méritée.

37.

Soldats décédés à bord; formalités à remplir.

Dès qu'il décédera un soldat à bord, le commandant du détachement aura la plus grande attention de retirer deux extraits mortuaires et deux expéditions du testament ou dernières volontés du défunt, ces pièces étant de la plus grande conséquence pour les familles; les effets et l'argent du décédé, ainsi que son inventaire, seront remis au commandant du détachement, au désarmement du vaisseau, et il en fournira son reçu au bureau des armements du port où il débarquera, ainsi que cela se pratique pour les canonniers-matelots.

38.

Entretien des Armes.

Les armes seront entretenues à bord comme à terre, et si elles avaient besoin de réparations, elles seront faites par l'armurier du vaisseau, qui fournira les pièces et huiles nécessaires, comme pour les autres armes du bâtiment.

39.

Supplément de paie en gratification aux Gens de métier employés à bord.

S'il se trouvait dans un détachement des gens de métier utiles au vaisseau, et qu'ils fussent employés par ordre du capitaine, ils jouiront, en gratification, de la demi-paie accordée en ce cas aux gens de l'équipage; et le décompte leur en sera fait au désarmement, sur l'état certifié du major, visé du capitaine, qui sera remis à l'intendant de la marine, pour en ordonner le paiement.

40.

Faire mention sur le Contrôle, des Hommes qui passeraient sur un autre bord.

Si quelques individus ou partie du détachement était obligé de passer à bord d'un autre bâtiment, d'après l'ordre du capitaine donné au commandant du détachement, il en sera fait note sur le contrôle, en spécifiant le jour de son passage et le nom du bâtiment, et de même sa rentrée à bord.

41.

Fournitures d'Effets à bord, par quel Ordre, et Formalités à remplir.

Si pendant la campagne le détachement avait besoin d'argent et de hardes, le commandant s'adressera au major du bâtiment, qui lui en fera donner sur son reçu : il inscrira le tout sur le champ sur son registre, et en rendra compte à son débarquement, en rapportant du major du vaisseau un état général, tant des deniers que des effets qui lui auront été délivrés, pour que le remboursement puisse en être fait à la caisse de la marine, qui remettra les reçus de l'officier. Quant aux hardes, le régiment n'en tiendra compte à ce département que d'après les prix de France, selon le tarif arrêté par le secrétaire d'état de la marine.

Le commandant du détachement ne pourra recevoir dans aucun cas, des deniers des trésoriers des colonies, ni des effets des magasins de la marine, que sur l'ordre du major du vaisseau, à qui seul il fournira des reçus pour les besoins du détachement; ces ordres doivent être visés du capitaine du vaisseau.

Si par quelque événement, le commandant du détachement était obligé de le quitter, il laissera son livre de détail à celui qui le remplacera dans le commandement, pour que, dans tous les cas, on puisse arrêter le décompte de tous les individus, au moment de leur débarquement en France.

42.

Traitement en cas de Naufrage, et Remboursement des sacs.

Dans le cas du naufrage d'un bâtiment, il sera adressé des routes d'étapes, pour faire rendre à leur destination tous les individus, à moins que le détachement ne fût rembarqué tout de suite sur un autre bâtiment.

Si les sacs et effets des soldats n'ont pu être sauvés, le Roi fera payer, des fonds de la guerre ou de ceux de la marine, trente livres par chaque sac perdu en totalité, et quinze livres pour partie dudit sac, d'après le procès-verbal qui en sera dressé par le major du vaisseau, visé du capitaine, et certifié du commandant du détachement. Il en sera usé de même pour les effets jetés à la mer, coupés dans les bastingages, brûlés ou pris par l'ennemi, lors de la reddition du bâtiment, dans tous lesquels cas il sera également dressé des procès-verbaux avant la dispersion des officiers de la marine, qui doivent constater ces pertes.

Les officiers du détachement feront comprendre dans les procès-verbaux les pertes personnelles qu'ils pourraient faire; Sa Majesté étant disposée à y avoir égard.

43.

Nourriture des Hommes dans les rades ou à terre, tant que le Bâtiment ne sera pas désarmé.

Si un vaisseau ou frégate était obligé de rentrer pour quelques jours dans le port, sans désarmer, le détachement sera nourri des vivres de la marine, au journalier, s'il loge dans le port; mais si l'on est forcé de l'envoyer en cantonnement, il vivra au moyen de sa solde, et le traitement de la table et logement sera payé à chaque officier, sur le pied de trois livres treize sous par jour (compris son domestique), à compter de celui de son débarquement; il en sera tenu note par le commissaire aux revues, pour défalquer ce traitement de celui de la campagne.

Si c'est dans les colonies, l'officier recevra le traitement fixé pour le pays, ou quatre livres trois sous par jour, sur un état certifié du major, et visé du capitaine, mais le détachement aura sa subsistance de la cale, vu la modicité de la solde de terre, à moins d'un supplément réglé par l'intendant ou commandant de la colonie, jusqu'à son embarquement.

44.

Si un détachement est fait prisonnier de guerre, il sera traité suivant le cartel, et lorsqu'il sera ramené dans le port d'échange, il sera adressé des routes d'étape, pour le faire rendre au lieu de sa destination ; l'intention de Sa Majesté étant que l'on emploie ce moyen de préférence à ce qui est réglé pour la conduite des gens de mer.

Routes pour faire rejoindre les Prisonniers de guerre.

45.

Les bas-officiers et soldats ne jouiront point de leur solde, depuis le jour de leur détention, jusqu'à leur retour dans un port de France, étant à la charge du Roi pendant ce temps : mais Sa Majesté fera pourvoir à leur arrivée en France, aux effets d'habillement dont ils auront besoin.

Les Bas-officiers et Soldats ne jouiront pas de leur solde pendant le temps de leur détention.

46.

Si des vaisseaux ou frégates chargés d'une expédition, mettent à terre leurs détachements de garnison, ils seront commandés par leurs officiers, et en totalité par celui qui sera le plus ancien de commission, lettres ou brevet, lequel exécutera les ordres qui lui seront donnés par le commandant de l'expédition, soit qu'il soit officier de terre ou de mer.

Par qui sera commandé un Détachement mis à terre pour une Expédition.

47.

Sa Majesté ayant réglé par son ordonnance de la marine du 1er janvier 1786, le rang des officiers de ce département avec ceux des armées de terre, on se conformera aux dispositions du titre 4 de ladite ordonnance.

Rang des Officiers de terre avec ceux de la marine.

48.

Les officiers et le détachement, une fois embarqués, seront aux ordres du commandant du vaisseau et du général de l'armée ; mais dans la rade, ils s'adresseront directement au commandant du département de la guerre pour les besoins de leur troupe.

Un officier ou un sergent du détachement ira, autant qu'il sera possible, tous les jours à l'hôpital, visiter ses malades, s'informer de leur état et de l'époque à laquelle ils pourront se rembarquer.

Un Détachement embarqué sera aux ordres du Capitaine du Vaisseau, et en rade à ceux du Commandant de terre.
Hôpital à visiter.

49.

Du moment qu'un détachement sera destiné à s'embarquer, le Roi suspend les congés d'ancienneté ; mais Sa Majesté ordonne qu'il soit tenu compte aux soldats du temps qu'ils auront servi au-delà de leur engagement, au prorata de ce qu'ils auraient touché s'ils s'étaient rengagés, de manière que, s'ils ont servi six mois de plus, il leur soit payé sur la masse des recrues, le seizième de ce qu'ils auraient dû recevoir, et son intention est que, lorsqu'ils seront rentrés à leur dépôt ou à leur corps, leur congé leur soit délivré exactement.

Suspension des Congés absolus.

50.

Si des circonstances forcées exigeaient que les détachements fussent employés à l'armement des bâtiments dont ils devraient former la garnison, le commandant de la marine en préviendra à l'avance celui de terre, et, dans ce cas, ils seront

Détachement employé à l'Armement des Bâtiments.

TITRE Ier.

entièrement à la charge du département de la marine, et logés dans ses casernes. Les officiers jouiront du traitement de trois livres treize sols par jour pour nourriture et logement, et chaque bas-officier et soldat recevra celui attribué aux troupes de la marine employées dans les ports, afin de les dédommager de l'user de leurs effets dont le renouvellement est à leur charge.

51.

Détachements employés aux Manœuvres.

Les bas-officiers et soldats des détachements de garnison, ne pourront être employés par les capitaines de vaisseaux ou frégates qu'aux manœuvres basses; s'il arrivait cependant que quelques-uns pussent être employés aux manœuvres hautes, ils jouiront des différents suppléments accordés par la marine.

52.

Fournitures de Hamacs et Couvertures aux Bas-officiers et Soldats.

Les hamacs et couvertures, en arrivant à bord, seront fournis aux bas-officiers, soldats et valets, par le département de la marine, et le commandant du détachement ne sera pas tenu d'en donner des reçus.

53.

Graces à demander, et par qui.

Le service de mer sera compté aux officiers d'infanterie, pour accélérer l'obtention de la croix de saint Louis, non par campagne, mais par année, par mois et par jour, d'après les certificats qui leur seront délivrés par l'officier de terre commandant dans les ports, s'il est d'un grade supérieur à celui de la marine, sinon ce dernier les adressera directement au secrétaire d'état de la guerre. Ces certificats mentionneront le temps qu'ils auront restés dans les rades, et s'ils sont débarqués sans en sortir.

Les autres graces dont ils se seraient rendus susceptibles, seront demandées par la marine aux commandants de terre, s'ils sont officiers généraux, sinon la marine en rendra compte directement au secrétaire d'état de la guerre.

Quant aux gratifications des bas-officiers et soldats pour blessures, etc., les capitaines des vaisseaux et frégates continueront à en faire la demande au secrétaire d'état de la marine, qui en ordonnera le paiement sur les fonds de son département.

54.

Bâtiments désarmés avant de sortir de la rade.

Si un détachement embarqué dans le port, désarmait avant d'être sorti de la rade, il ne sera pas censé fait, mais tout détachement qui sera sorti de la rade, et rentrera à son dépôt, ne pourra être rembarqué qu'après que les individus qui y étaient au moment de son arrivée auront été rembarqués.

## TITRE II.

### *Troupes Passagères.*

#### Article premier.

Ordres d'Embarquements.

Lorsque le Roi jugera à propos de faire embarquer des troupes pour les colonies, le commandant du département de la guerre dans le port où se fera l'embarquement, les préviendra du jour où elles devront monter à bord de leurs bâtiments, et du nombre d'hommes qui pourra être embarqué sur chacun, afin que la répartition soit faite à l'avance, ainsi que les états qui y sont relatifs.

2.

Avances de trois mois de Solde.

Il sera payé par le trésorier de la guerre, une avance de trois mois de solde, tant pour l'Amérique que pour l'Inde, à tous les individus sur l'extrait de revue du commissaire des guerres ; et l'intendant de la marine fera payer des fonds de son département, le supplément de paie accordé aux troupes qui passent dans les Colonies pour le même temps, et sur la revue du commissaire de la marine. Le major du régiment embarquant en fournira ses reçus.

3.

Lits de bord et Hamacs des Officiers.

Il sera payé par le département de la marine, cinquante livres à chaque officier, chirurgien-major et aumônier, au moyen desquelles ils seront tenus de se fournir de lits de bord ou hamacs à l'anglaise.

4.

Domestiques et leur Traitement.

Il sera passé à chaque officier, un domestique, et deux aux officiers supérieurs ; ils auront quinze livres par mois, et une ration de cale chacun.

5.

Hamacs et Couvertures pour la Troupe.

Il sera fourni par la marine, des hamacs et des couvertures pour coucher les troupes et les domestiques.

6.

Traitement à bord.

Les troupes de passage ne jouiront pas du traitement de sept livres dix sous accordé pour tenir lieu de demi-rations aux bas-officiers ; l'intention du Roi étant de n'en faire jouir que les détachements de garnison de vaisseaux.

Mais si les circonstances exigeaient qu'on employât à bord des vaisseaux et frégates, une portion de ces troupes comme garnison, alors les bas-officiers employés à ce service jouiront de ce traitement, et le décompte leur en sera fait au débarquement dans les Colonies, sur le certificat du capitaine du bâtiment, qui mentionnera les noms de ceux à qui il sera dû, et pour combien de temps ; les autres recevront, ainsi que les soldats, une ration de cale.

7.

Nourriture des Mestres de Camp.

Si un régiment s'embarque sur les vaisseaux et frégates du Roi, les colonels seront nourris à la table des capitaines, moyennant le traitement que Sa Majesté leur aura fixé ; les autres officiers mangeront à la table des officiers du bord, et recevront le traitement qui leur est attribué par le réglement de 1786, concernant les tables, auquel ils se conformeront.

8.

Nourriture des Officiers.

Si un régiment s'embarque sur des bâtiments frétés par le Roi, les officiers seront nourris par le capitaine, moyennant le traitement qui lui sera réglé, et les bas-officiers, soldats et valets auront une ration de la cale.

TITRE II.

9.

Logement à bord.

Les officiers seront logés sur les bâtiments du Roi, aussi commodément qu'il sera possible ; mais l'intention de Sa Majesté est que, dans aucun cas, les officiers tenant garnison ne puissent être délogés. Les colonels, lieutenants-colonels et majors auront, autant qu'on le pourra, un poste en toile, s'ils ne peuvent avoir de chambre.

Dans les bâtiments frétés par le Roi, les officiers ci-dessus auront les premiers logements après le capitaine.

10.

Equipages et Emplacement des Ballots.

Le major d'un régiment embarquant, enverra à l'avance, au commandant de terre, l'état des ballots d'effets appartenants à sa troupe (par compagnie) avec leur poids, lequel état sera remis par ledit commandant à celui de la marine, pour qu'il en ordonne la répartition sur les bâtiments destinés à son embarquement. On aura attention de mettre avec chaque compagnie, les ballots qui lui appartiennent, et, pour éviter les erreurs, le régiment enverra avec les effets un nombre de bas-officiers suffisant pour diriger cette répartition, d'après la note qui leur en sera remise par le major. Ces bas-officiers seront nourris et logés à bord, comme les gens de l'équipage.

11.

Approvisionnements autorisés.

Le Roi permet à chaque régiment d'embarquer un approvisionnement de chemises, souliers et effets nécessaires à l'entretien des soldats ; le commandant aura attention de faire inscrire sur chaque ballot la nature des effets qu'il contient ; mais si ces effets outrepassaient la proportion, ou que l'on s'aperçût que sous le prétexte d'effets nécessaires aux officiers et soldats, on se fût permis d'embarquer des effets de pacotille, Sa Majesté veut que le commandant de la marine les fasse débarquer, déposer dans un magasin, et en informe le commandant de terre audit port, qui en rendra compte sur-le-champ au secrétaire d'état de la guerre, pour qu'il puisse prendre les ordres du Roi.

12.

Forme des Ballots.

Les futailles, appelés boucauts, étant d'un arrimage très-difficile, il n'en sera point admis à bord des bâtiments. On fera les ballots carrés autant qu'il sera possible.

13.

Vins et Comestibles.

Les officiers supérieurs devant vivre chez eux, Sa Majesté veut bien leur accorder la faculté d'embarquer la valeur de deux tonneaux en vin ou autres comestibles.

14.

Embarquement des Effets.

L'embarquement des effets se fera toujours avant celui des troupes.

15.

Embarquement des Armes.

Les fusils seront emballés dans des caisses d'armes ; on aura soin de les bien nettoyer et huiler, afin qu'ils se trouvent en bon état au moment du débarquement que chaque soldat devra reprendre le sien. Si la traversée est longue, on les visitera autant que le lieu où auront été déposées les caisses d'armes le permettra.

16.

Embarquement des Effets sur les Bâtiments de commerce.

A mesure que l'on embarquera les effets des troupes sur les bâtiments du commerce, il en sera formé un état par le sergent chargé d'y veiller, et un autre par un des officiers du bâtiment ; et après la vérification de ces états, le capitaine en signera un qui sera remis au plus ancien officier des troupes, pour servir au moment du débarquement et éviter toute difficulté.

17.

Contrôle de la Troupe embarquée.

Le major du régiment fera faire, par chaque bâtiment, un contrôle de tous les individus qui y seront embarqués, tant en officiers qu'en bas-officiers, soldats et valets, lequel contiendra leurs noms de baptême, de famille, surnoms, lieux de naissance, provinces, juridictions, taille, âge, grade, avec une case d'observations au bout de chaque nom, pour y indiquer les mutations depuis la revue d'embarquement du régiment : il sera remis au bureau des armements une expédition dudit état, une au capitaine dudit bâtiment, une à l'officier qui commandera la troupe, et une au commandant de terre, dans le port où l'embarquement s'exécutera.

Les bâtiments du commerce n'étant pas susceptibles de garnison, les bas-officiers employés au service de police n'auront aucun droit aux demi-rations.

18.

Police à bord.

Le commandant des troupes à bord aura la police immédiate de toutes celles qui seront sur le bâtiment ; leur fera observer la plus exacte discipline ; et quoiqu'elles ne soient tenues à aucun service, si le cas exigeait de les employer aux manœuvres basses, il leur en donnera l'ordre sur la demande du capitaine.

19.

Punitions à bord.

Les punitions des fers et des retranchements de vin seront totalement supprimées, à moins qu'il ne fût nécessaire de s'assurer de l'homme. On fera usage des coups de plat de sabre pour tous les cas où l'on emploie, pour les gens de l'équipage, les coups de corde ; mais pour vol bien prouvé, les courroies seront substituées au sabre.

20.

Visite des Hommes avant l'Embarquement.

Avant l'embarquement, on fera visiter les soldats, pour s'assurer qu'aucun n'est attaqué de la maladie vénérienne, s'il s'en trouvait ils seraient envoyés à l'hôpital.

21.

Traitement des Soldats malades, et Formalités à remplir.

Si pendant le séjour des bâtiments dans la rade, il tombe des soldats malades, ils seront envoyés à l'hôpital militaire de terre, et on en préviendra le commissaire des guerres, pour qu'il les inscrive sur l'état des hommes restés aux hôpitaux, et qu'il puisse veiller à ce que ceux qui ne seront pas rembarqués joignent le dépôt du régiment qui restera en France.

22.

Rappel des Soldats qui seront à terre, après le départ de leur Corps.

Le régiment ayant reçu, au moment de son embarquement, des ordres pour la totalité des avances accordées par le département de la marine, les hommes débarqués pour telle cause que ce soit, ou restés aux hôpitaux après le départ du régiment, rejoindront leur corps par la première occasion, sans qu'au moment de leur rem-

TITRE II.

barquement il leur soit fait de nouvelles avances par la marine; ils seront rappelés seulement lors de leur arrivée au régiment, dans la revue subséquente du commissaire de la marine chargé de la police, qui en aurait fait la retenue lors de la revue de débarquement.

23.

Naufrage et prise.

Si un régiment ou partie d'icelui fait naufrage, ou est pris avant d'arriver à sa destination, il sera dédommagé des pertes qu'il aura essuyées; et Sa Majesté ordonnera même qu'il lui soit fait de nouvelles avances s'il est bien constaté que les premières ont été entièrement perdues.

24.

Dédommagements accordés par le Roi.

Dans les cas prévus par l'article 23 ci-dessus, le Roi tiendra compte aux masses du régiment, des effets d'habillement, équipement et armement qui auront été perdus, sur un état certifié par le capitaine du bâtiment, et Sa Majesté aura égard aux pertes que les officiers auront éprouvées personnellement, sur le compte qui lui en sera rendu par le secrétaire d'état de la guerre, les fonds appartenants aux corps seront constatés également, et Sa Majesté se réserve de prononcer sur l'indemnité qu'elle jugera à propos d'accorder dans pareille circonstance.

25.

Traitement des Troupes qui repassent en France.

Lorsque les troupes repasseront en France, soit en temps de paix, soit en temps de guerre, elles jouiront du traitement des colonies, conformément aux ordonnances et réglements de la marine, jusqu'au jour de leur débarquement; mais les bas-officiers et soldats desdites troupes, qui quitteraient leurs corps dans les colonies, par congés absolus, avec la récompense militaire, ou les invalides, n'y auront aucun droit, et ne recevront que les six livres d'usage de traversée.

Les officiers, bas-officiers et soldats qui resteraient malades dans les colonies, après le départ de leur corps, lorsqu'ils repasseront en France pour le rejoindre, seront rappelés pour le traitement de leur traversée dans le port où aura été fait le décompte du régiment, lequel fera la réclamation sur un état certifié du commissaire des guerres, à l'effet de constater qu'ils existent au corps; la revue du débarquement du commissaire de la marine devant faire mention pour *mémoire*, de ces individus dont le commandant du régiment lui remettra l'état nominatif de lui certifié.

## TITRE III.

### *Des Troupes employées à la garde des Ports.*

ARTICLE PREMIER.

Ordres à adresser par le Secrétaire d'état de la guerre.

Lorsque le service du Roi exigera des troupes d'infanterie, pour faire le service des ports, le secrétaire d'état de la guerre en adressera les ordres au commandant de terre, pour le régiment ou bataillon qui y sera destiné.

2.

Comme ce service ne doit, en général avoir lieu que lorsque les troupes de la marine ont une autre destination, s'il n'y avait pas assez de logement dans les casernes du département de la guerre, le régiment ou bataillon sera logé dans celles des troupes de mer. Logement des Troupes dans les casernes de la Marine.

3.

Ce régiment ou bataillon sera totalement aux ordres du commandant de la marine, pour le service qu'il aura à faire. La Troupe aux ordres du Commandant de la Marine.

4.

La police intérieure et la discipline seront toujours sous l'inspection des chefs ordinaires des départements de la guerre; les revues seront passées par le commissaire des guerres, en en prévenant le commandant de la marine, si les troupes sont logées dans ses casernes. Police intérieure.

5.

Le pain de munition continuera d'être fourni par les vivres de terre, et dans aucun cas les troupes ne le recevront de la marine. Pain de munition, et par qui fourni.

6.

Les soldats malades seront traités à l'hôpital de terre, et dans le cas d'insuffisance de place, ils seront reçus à celui de la marine, en se conformant au réglement du Roi de 1785. Traitement des Hommes malades.

7.

Toutes les fautes légères commises dans le port seront punies par les ordres du commandant de la marine, et hors du port, par ceux du commandant de terre. Les délits graves dans le port seront jugés conformément aux ordonnances de la marine, et hors du port, conformément aux ordonnances du département de la guerre. Punitions et Jugements.

8.

Les conseils de guerre seront tenus chez le lieutenant de Roi de la place, et les sentences ou jugements exécutés à la manière ordinaire. Conseil de Guerre, et où il sera tenu.

9.

Le régiment ou bataillon fournira à son tour un officier de visite à l'hôpital, qui en rendra compte au commandant de la place, et un de police à la comédie, qui sera sous les ordres de l'officier supérieur de police. Officier de visite à l'Hôpital, et de police à la Comédie.

10.

Les semestriers ne pourront partir qu'avec l'agrément du commandant de la place, le service du port ne devant rien changer à ce qui se pratique à cet égard, à moins d'ordres particuliers. Semestres et Dispositions y relatives.

11.

Le premier de chaque mois, le commandant du régiment ou bataillon, remettra un état de situation au commandant de la marine, conforme à celui du commandant de la place. États de Situation à remettre au Commandant de la Marine.

12.

Le service des ports exigeant peu des officiers, les officiers supérieurs partageront avec ceux employés au service de la place, celui de la visite des postes et de la police à la comédie. Visite des Postes.

TITRE III.

13.

Le Commandant de la Place donnera seul la Permission aux Officiers de s'absenter.

Aucun officier ne pourra s'absenter sans l'agrément du commandant de la place, envers lequel les troupes employées au service des ports se conduiront comme celles composant la garnison, à l'exception de ce qui regardera le service dans le port, qui n'appartient qu'au commandant de la marine.

MANDE et ordonne Sa Majesté aux officiers généraux de la marine et de terre, aux commandants dans ses ports et places, aux commandants de ses armées et escadres navales, vaisseaux, frégates et autres bâtiments, aux intendants et commissaires de la marine et des guerres, et à tous autres qu'il appartiendra, de tenir la main à l'exécution du présent réglement qui aura son effet à compter de ce jour.

Fait à Versailles, le vingt-quatre décembre mil sept cent vingt-sept. *Signé* LOUIS. *Et plus bas*, DE LOMÉNIE Comte DE BRIENNE et LA LUZERNE.

*LOUIS-JOSEPH DE BOURBON, Prince de Condé, prince du sang, pair et grand-maître de France, lieutenant général des armées du Roi, chevalier de ses ordres, gouverneur et lieutenant général des provinces de Bourgogne et de Bresse, colonel général de l'infanterie française et étrangère.*

VU le réglement ci-dessus et des autres parts, fait par le Roi, pour déterminer le service de ses troupes d'infanterie à bord de ses vaisseaux et frégates, et ce qui doit être pratiqué à l'égard de celles passagères pour les colonies, ou employées à la garde des ports; ledit réglement en date du 24 décembre 1787, *signé* LOUIS, *et plus bas*, DE LOMÉNIE, Comte DE BRIENNE et LA LUZERNE, à nous adressé pour tenir la main à son exécution.

Nous, en vertu du pouvoir que nous en avons à cause de notre place de colonel général de l'infanterie française et étrangère, mandons et ordonnons à tous mestres-de-camp-commandants, mestres-de-camp-lieutenants-commandants, mestres-de-camp en second, mestres-de-camp lieutenants en second, lieutenants-colonels, majors et autres officiers des régiments d'infanterie française et étrangère, de se conformer audit réglement, et de le faire exécuter, chacun en ce qui le concerne: En foi de quoi nous avons fait expédier la présente, que nous avons signée et fait contre-signer par le secrétaire général de l'infanterie française et étrangère.

Donné à Paris, le vingt-sept janvier mil sept cent quatre-vingt-huit. *Signé* LOUIS-JOSEPH DE BOURBON. *Et plus bas*, par Son Altesse Sérénissime. *Signé* BOULOGNE DE LASCOURS.

*Le duc DE PENTHIEVRE, Amiral de France, gouverneur et lieutenant général pour le Roi en sa province de Bretagne.*

VU le réglement du Roi, ci-dessus et des autres parts, à nous adressé: MANDONS à tous ceux sur qui notre pouvoir s'étend, de tenir chacun en droit soi, la main à son exécution. Fait à Vernon, le vingt-sept janvier mil sept cent quatre-vingt-huit. *Signé* L. J. M. DE BOURBON. *Et plus bas*, Par Son Altesse Sérénissime. *Signé* PERIER.

*COMPOSITION des Detachements de garnison à bord des Vaisseaux et Frégates du Roi.*

|  |  |  |  |
|---|---|---|---|
| Pour un Vaisseau de 118 canons.... | 1 Capitaine en second | | 3 Officiers. |
| | 1 Lieutenant, *idem* | | |
| | 1 Sous-Lieutenant | | |
| | Sergents | 4. | 180 hommes. |
| | Caporaux | 7. | |
| | Apointés | 10. | |
| | Tambours | 2. | |
| | Fusiliers | 157. | |
| Pour un Vaisseau de 110 ...... | 1 Capitaine en second | | 3 Officiers. |
| | 1 Lieutenant, *idem* | | |
| | 1 Sous-lieutenant | | |
| | Sergents | 4. | 170 hommes. |
| | Caporaux | 7. | |
| | Appointés | 9. | |
| | Tambours | 2. | |
| | Fusiliers | 148. | |
| Pour un Vaisseau de 80....... | 1 Capitaine en second | | 2 Officiers. |
| | 1 Lieutenant, *idem, ou* Sous-lieutenant | | |
| | Sergents | 3. | 130 hommes. |
| | Caporaux | 6. | |
| | Appointés | 7. | |
| | Tambour | 1. | |
| | Fusilier | 113. | |
| Pour un Vaisseau de 74 ..... | 1 Capitaine en second | | 2 Officiers |
| | 1 Lieutenant en second, *ou* Sous-lieutenant | | |
| | Sergents | 3. | 100 hommes. |
| | Caporaux | 5. | |
| | Appointés | 7. | |
| | Tambour | 1. | |
| | Fusiliers | 84. | |
| Pour un Vaisseau de 64....... | 1 Capitaine en second | | 2 Officiers. |
| | 1 Sous-lieutenant | | |
| | Sergents | 2. | 70 hommes. |
| | Caporaux | 4. | |
| | Appointés | 4. | |
| | Tambour | 1. | |
| | Fusiliers | 59. | |
| Pour une Frégate de 36, de 18 et 8... | 1 Lieutenant en premier | | 1 Officier. |
| | Sergent | 1. | 45 hommes. |
| | Caporaux | 3. | |
| | Appointés | 3. | |
| | Tambour | 1. | |
| | Fusiliers | 37. | |
| Pour une Frégate de 32, de 12 et 6... | 1 Lieutenant en premier | | 1 Officier. |
| | Sergent | 1. | 35 hommes. |
| | Caporaux | 3. | |
| | Appointés | 3. | |
| | Tambour | 1. | |
| | Fusiliers | 27. | |

N° 2.

## RÉGIMENT d

*CONTROLE des Officiers, Bas-officiers et Soldats composant le détachement dudit Régiment, qui doit s'embarquer pour tenir Garnison à bord du Vaisseau du Roi l*

### OFFICIERS.

| NOMS. | GRADES. | MUTATIONS. |
|---|---|---|
| | | |

### BAS-OFFICIERS ET SOLDATS.

| COMPAGNIE. | NOMS DE BAPTÊME et de Famille DES HOMMES. | NOMS DE GUERRE. | GRADES. | LIEUX de NAISSANCE, Provinces et Juridictions. | MUTATIONS. |
|---|---|---|---|---|---|
| | | | | | |

*etc.*

### RÉCAPITULATION.

Officiers. . . . . . . . . . . . . . . . . . . . . . . . . . . . . . . . . . . . . . . . . . .

Bas-officiers et Soldats.
- Sergents. . . . . . . . . . . . . . . . . . . . . . . . .
- Caporaux. . . . . . . . . . . . . . . . . . . . . . . . .
- Appointés. . . . . . . . . . . . . . . . . . . . . . . . .
- Tambours. . . . . . . . . . . . . . . . . . . . . . . . .
- Fusiliers. . . . . . . . . . . . . . . . . . . . . . . . .

*NOUS Commandant du Détachement du Régiment de certifions le présent Contrôle véritable. A le*

*NOUS Commissaire des Guerres au département de avons arrêté le présent Contrôle des Officiers, Bas-officiers et Soldats y dénommés, pour être embarqués pour tenir garnison à bord du Vaisseau du Roi le d'après la Revue que nous en avons faite aujourd'hui.*

*FAIT et arrêté à le*

*NOUS Commissaire des Ports et Arsenaux de la Marine, chargé des Armements au Port de certifions le présent Contrôle, d'après la Revue que nous en avons faite cejourd'hui, du détachement du Régiment de y énoncé, avant son embarquement à bord du Vaisseau du Roi l dont il doit tenir garnison.*

*FAIT et arrêté par nous Commissaire susdit. A le*

N° 3.

*Remplacements des Bas-officiers et Soldats.*

| COMPAGNIES. | NOMS DE BAPTÊME et de Famille DES HOMMES. | NOMS DE GUERRE. | GRADES. | LIEUX DE NAISSANCE, Provinces et Juridictions. | ÉPOQUE de leur ARRIVÉE à bord. | MUTATIONS. |
|---|---|---|---|---|---|---|
| | | | etc. | | | |

*Domestiques des Officiers du détachement.*

| NOMS DES OFFICIERS auxquels ils appartiennent. | NOMS DE BAPTÊME et de Famille. | NOMS SURNOMS. | LIEUX DE NAISSANCE, Provinces et Juridictions. | MUTATIONS. |
|---|---|---|---|---|
| | | etc. | | |

*Remplacements.*

| | | | | |
|---|---|---|---|---|
| | | etc. | | |

*COMPTE en Deniers et Effets relatif au Détachement.*

## DENIERS.

| | DATES des RECETTES et DÉPENSES. | | l. | s. | d. | l. | s. | d. |
|---|---|---|---|---|---|---|---|---|
| RECETTE.... | | etc. | | | | | | |
| DÉPENSE.... | | etc. | | | | | | |
| | | PARTANT, reste au Désarmement........ | | | | | | |

## EFFETS.

| | | | DÉSIGNATION | | | | | |
|---|---|---|---|---|---|---|---|---|
| RECETTE.... | | etc. | | | | | | |
| DÉPENSE.... | | etc. | | | | | | |
| | | RÉSULTAT. | | | | | | |
| | | LA RECETTE est de........ | | | | | | |
| | | LA DÉPENSE de........... | | | | | | |
| | | PARTANT, reste au Désarmement. | | | | | | |

www.ingramcontent.com/pod-product-compliance
Ingram Content Group UK Ltd.
Pitfield, Milton Keynes, MK11 3LW, UK
UKHW022107260726
13993UKWH00001B/362